REZEPTE! REZEPTE!! REZEPTE!!!

Karlene T. Stecher

American Cookies

FALKEN

Inhalt

Tips zu den Rezepten

Die Portionsangaben
Sofern nicht anders angegeben, sind alle Rezepte für 4 Personen berechnet.

Die Zubereitungszeiten
Sie beinhalten sowohl die Vorbereitungszeit als auch die Gar- und Backzeit. Eventuelle Sonderzeiten, z. B. für das Gehen, Quellen oder Ruhen, sind gesondert aufgeführt.

Die Kalorienangaben
Sie beziehen sich in der Regel auf 1 Portion bzw. 1 Stück (z. B. bei Kuchen und Gebäck).

Die Backofentemperaturen
Sie beziehen sich auf einen Elektroofen mit Ober- und Unterhitze. Wenn Sie mit Umluft arbeiten, reduzieren Sie die Temperaturen um 20 %. Die Backzeit bleibt dann in etwa gleich.

Die Zutatenmengen
Sie beziehen sich auf die ungeputzte Rohware. Sind Stückzahlen angegeben, wird von einem Stück mittlerer Größe ausgegangen.

Die Abkürzungen

TL	= Teelöffel	kcal	= Kilokalorien
EL	= Eßlöffel	ø	= Durchmesser
P.	= Päckchen		
TK-...	= Tiefkühl-...	Min.	= Minute(n)
F.i.Tr.	= Fett in der Trockenmasse	Std.	= Stunde(n)

Die amerikanische Backkultur

Von Kindern und Keksen

Kekse (Cookies) sind das Symbol für amerikanisches *feel good food*! Vor allem Kinder lieben Kekse und machen mit ihnen ihre ersten Backerfahrungen.
Fast alle Amerikanerinnen und Amerikaner haben in ihrer Kindheit beim Backen geholfen und dabei von den süßen Zutaten und vom Teig genascht. So verbinden sie mit Keksen häufig angenehme Kindheitserinnerungen und damit ein Gefühl von Wärme, Wohlbefinden, Geborgenheit und Sicherheit – kurz Gemütlichkeit.

Backen im „Schmelztiegel"

Amerikanische Backwaren repräsentieren auf delikate Weise die kulturelle Vielfalt im Schmelztiegel Amerika. Die meisten Rezepte haben ihren Ursprung in Europa: Cookies stammen vor allem aus Dänemark, Muffins aus England und die meisten Kuchenrezepte kommen aus Deutschland. Mit Phantasie und neuen Zutaten entstand aus den Original-Rezepten eine unglaubliche Fülle köstlicher Desserts und Backwaren.
In diesem Buch werden klassische traditionelle Rezepte vorgestellt. Mit am populärsten sind wohl einige *Cookies,* aber auch die schokoladigen *Brownies* sowie die Riegel (*Bars*) und Häppchen (*Squares*), gelungene Mischungen aus Keks und Kuchen, sind äußerst beliebt. *Cakes* (Kuchen) hingegen gehören zu einem amerikanischen Fest. Ein *Quick Bread* (schnelles Brot) ist eine Mischung aus Kuchen und Brot. *Muffins* haben sich zu einem festen Bestandteil des amerikanischen Frühstücks oder auch des Brunchs entwickelt. Ein amerikanischer Muffin ist nicht besonders süß. Er wird jedoch mit Butter und/oder Marmelade bestrichen gegessen.

Die Wahl der Zutaten

Alle in diesem Buch aufgeführten Zutaten sind auch in Deutschland leicht erhältlich. Achten Sie darauf, daß diese immer im einwandfreien Zustand und vor allem frisch sind – auch die verwendeten Mehlsorten, das Backpulver und vor allem die Eier. Damit das Backen wirklich immer gelingt, sollten Sie einige Grundregeln beherzigen.

Mehl

Feine Kekse und Kuchen schmecken am besten, wenn sie mit fein gemahlenem *Weizenmehl, Type 405* (Weiß- oder Auszugsmehl) zubereitet werden. Entscheidend für das Gelingen ist jedoch auch die Frische des Mehls. Durch eine zu lange Lagerung kann es zu trocken und sogar ranzig werden. Mehl soll immer kühl, dunkel und trocken in luftdichten Behältern gelagert werden. Vollkornmehl ist aufgrund seines Fettgehalts nicht länger als 1 Jahr lagerfähig.

Zucker und Butter

Grundsätzlich wird bei den Rezepten, wenn nicht anders angegeben, der handelsübliche *feine Weißzucker* verwendet, der sich am besten verarbeiten läßt. Zucker ist in luftdicht verschlossenen Behältern praktisch unbegrenzt haltbar.
Achten Sie auch bei der verwendeten Butter unbedingt auf die Frische des Produkts, durch die Geschmack und Qualität der Backware erheblich beeinflußt werden. Butter sollte eingepackt oder in einem geschlossenem Gefäß gelagert werden, da sie schnell fremde Gerüche annimmt und sich so im Geschmack verändern kann.

Eier

Auch bei den *Eiern* ist die Frische von entscheidender Bedeutung. Grundsätzlich wird bei den Rezepten von Eiern der *Gewichtsklasse L (unter 73 bis 63 g)* ausgegangen. Achten Sie beim Einkauf immer auf das Haltbarkeitsdatum und prüfen Sie gegebenenfalls die Frische durch einen einfachen Trick: Legen Sie die Eier in ein Gefäß mit Wasser. Frische Eier sinken zu Boden und legen sich auf die Seite. Richten sie sich mit dem stumpfen Ende nach oben auf, dann sind sie bereits 2 bis 3 Wochen alt. Schwimmen Sie gar an der Oberfläche, sollte man sie nicht mehr verwenden. Eier nehmen auch Gerüche an – sie sollten deshalb abgedeckt im Kühlschrank oder im Karton aufbewahrt werden, und zwar mit dem spitzeren Ende nach unten, damit das Eigelb in der Mitte und die Luftkammer oben ist. Zerbrochene Eier sollten nicht mehr verwendet werden.

Backpulver

Auch die Frische des *Backpulvers* hat erheblichen Einfluß auf Struktur, Aussehen und Qualität des Teigs. Verwenden Sie deshalb frisches Backpulver, das in einem luftdichten Behälter kühl und trocken gelagert wird.
Auch die Frische von Backpulver kann ganz einfach geprüft werden: Geben Sie 1 Teelöffel Backpulver in 80 ml heißes Wasser. Wenn sich Blasen bilden, ist das Backpulver frisch.

Weitere Zutaten

Natron erfüllt eine ähnliche Funktion wie Backpulver, wird auch genauso gelagert und sollte immer frisch verwendet werden. Prüfen Sie die Frische, indem Sie 1/2 Teelöffel Natron in 20 ml Essig geben. Wenn sich Blasen bilden, ist das Natron frisch.
Bourbon-Vanillezucker wird aus 5 % echter gemahlener Bourbon-Vanille und Zuckerraffinade hergestellt und ist dem Vanillinzucker vorzuziehen.
Nüsse schmecken besser und intensiver, wenn man frische, ganze *Nußkerne* verwendet und diese erst bei der Zubereitung hackt oder mahlt.
Gewürze sollten kühl, trocken, dunkel und in luftdichten Behältern gelagert werden. Aber auch dann behalten sie ihre Würzkraft nur etwa 1 Jahr. Achten Sie deshalb auf das Haltbarkeitsdatum.
Schokolade ist in Deutschland in hervorragender Qualität erhältlich. Achten Sie dennoch auf das Haltbarkeitsdatum.

Backformen und Geräte

Backgeräte

Zum erfolgreichen Backen braucht man die richtigen Geräte. Dazu gehören ein *elektrisches Handrührgerät* mit Quirl- und Knethaken zum Rühren oder Kneten von Teig sowie zum Schlagen von Eiweiß und Sahne. Ebenso hilfreich ist ein Pürierstab zum Beispiel zum Pürieren von Früchten. Zur Ausrüstung gehört auch ein Sortiment verschieden großer *Schüsseln* aus Edelstahl oder Kunststoff sowie ein großer *Holzlöffel* zum Unterheben von Zutaten. Unabdingbar ist ein *Meßbecher* oder eine *Waage*. Weiterhin benötigen Sie *Siebe* aus rostfreiem Material zum Sieben von Puderzucker und Mehl oder zum Durchstreichen von Cremes. Zu einer guten Ausrüstung gehören zudem *Teigrolle, Schneebesen, Gitterrost, Pinsel, Kuchen- und Tortenmesser, Teigschaber aus Kunststoff* und *Backpapier.*

Backformen

Die Backformen müssen immer gründlich gesäubert und trocken sein. Besonders empfehlenswert sind Antihaft- oder beschichtete Formen aus Aluminium. Für das Backen von Keksen eignet sich ausgezeichnet ein zweilagiges, sogenanntes Air-Bake-Keksblech, alternativ kann man auch 2 Bleche übereinanderlegen. Auf diese Weise verbrennen die Kekse nicht an der Unterseite. In der Regel ist es besser, ein Backblech mit Backpapier auszulegen als es einzufetten.
Achten Sie dabei darauf, daß das Backpapier nicht an den Rändern übersteht.

Backöfen und Temperaturen

Die reale Temperatur im Ofen kann bei verschiedenen Backöfen bisweilen um 10 bis 30 °C von der Temperatur abweichen, die Sie eingestellt haben bzw. die angezeigt wird. Große Temperaturunterschiede beeinflussen jedoch entscheidend die Qualität der Backwaren. Wenn Sie also der Temperaturanzeige Ihres Ofens kein großes Vertrauen entgegenbringen, empfiehlt sich die Verwendung eines guten *Ofenthermometers.*
Beachten Sie beim Backen zudem, daß sich alle in diesem Buch beschriebenen Rezepte auf Backöfen *ohne Umluft* beziehen, da bei Umluftöfen Temperatur und Luftzirkulation von Modell zu Modell bisweilen erheblich voneinander abweichen.

Tricks und Tips rund ums Backen

Beim Backen entscheiden häufig Kleinigkeiten über den Geschmack des Kuchens oder der Kekse. Als kleine Hilfestellung finden Sie im folgenden eine Reihe einfacher und praktischer Tricks und Tips.

1. Lesen Sie vor dem Backen das Rezept einmal ganz durch, und stellen Sie alle benötigten Zutaten und Materialien bereit.

2. Alle Zutaten sollten zimmerwarm sein – nehmen Sie deshalb gekühlte Zutaten etwa 30 Minuten vor der Zubereitung aus dem Kühlschrank.

3. Im allgemeinen rechnet man für das Vorheizen des Backofens etwa 15 Minuten.

4. Wenn beim Backen von Muffins ein Förmchen im Blech zufällig leer bleibt, füllen Sie dieses zur Hälfte mit Wasser. Damit schützen Sie die Form, und die Muffins werden nicht so trocken.

5. Backen Sie immer nur 1 Backblech zu einem bestimmten Zeitpunkt ab, die Backwaren werden dadurch gleichmäßiger gebacken.

6. Öffnen Sie die Ofentür nur kurz vor Ende der Backzeit für eine Garprobe.

7. Der Kuchen ist fertig, wenn:
– ein Holzstäbchen, das in der Mitte des Kuchens bis zum Boden eingeführt wurde, trocken bleibt und keine feuchte Teigmasse daran klebt.
– der Kuchen auf Druck leicht nachgibt.
– der Kuchen sich von den Formrändern löst.

8. Um die Formen nicht zu verkratzen und ihre Lebenszeit zu verlängern, sollten Sie einen Spatel aus Kunststoff benutzen, wenn Sie nach dem Backen die Backwaren vorsichtig aus den Formen lösen.

9. Kekse und Kuchen bleiben frisch und saftig, wenn Sie sie in luftdichten Behältern aufbewahren und eine Apfel- oder Brotscheibe dazugeben.

10. Bewahren Sie Kuchen im Kühlschrank auf, servieren Sie ihn jedoch zimmerwarm.

11. Backwaren können auch bis zu 6 Monate eingefroren werden. Wickeln Sie die Kekse oder den Kuchen dazu zuerst in Klarsicht- und dann in Alufolie ein, und verstauen Sie das Ganze in Gefriertüten.

12. Keksteig kann bis zu 1 Jahr eingefroren werden. Formen Sie dazu den Teig zu einer Rolle, und frieren Sie ihn wie Backwaren ein.

13. Auch glasierte Kuchen können auf Vorrat gebacken werden. Frieren Sie den unglasierten Kuchen wie oben beschrieben ein, und glasieren Sie ihn erst, wenn er wieder aufgetaut ist.

Amerikanische Kuchen und Kekse

Das Backen spielt in der amerikanischen Küche eine große Rolle. Genießen Sie mit Cookies, Brownies und anderen köstlichen Leckereien Gemütlichkeit und „American style“.

Chocolate Chip Cookies
Schokoladenkekse

klassisch

- *Ergibt ca. 50 Stück*
- *Zubereitung: ca. 1 1/4 Std.*
- *ca. 130 kcal pro Stück*

ZUTATEN

420 g Mehl
1 TL Natron
1 TL Salz
400 g Zartbitterschokolade
220 g weiche Butter
320 g Zucker
1 EL Zuckerrübensirup
2 Eier
1 P. Bourbon-Vanillezucker

1. Das Mehl in eine Schüssel sieben. Natron und Salz dazugeben und alles gründlich mit einem Schneebesen vermischen. Die Schokolade zerkleinern.

2. Die Butter in einer Schüssel cremig rühren. Den Zucker einrieseln lassen und mit der Butter schaumig schlagen. Den Zuckerrübensirup und nacheinander die Eier dazugeben, sie jeweils einzeln gut unterrühren. Den Vanillezucker hinzufügen und alles gründlich miteinander verrühren.

3. Die Mehlmischung nach und nach dazugeben und das Ganze zu einem glatten Teig verrühren. Dann die Schokoladenstückchen zum Teig geben und mit einem großen Löffel unterheben. Den Ofen auf 190 °C vorheizen.

4. Ein Backblech mit Backpapier auslegen. Aus dem Teig etwa 4 cm große Bällchen formen und diese mit etwa 5 cm Abstand nebeneinander auf das Backblech legen. Die Kekse auf der mittleren Schiene in etwa 15 Minuten goldgelb backen.

BAKER'S TIPS

- *Wenn Sie die Cookies etwas weniger knusprig bevorzugen, dann verwenden Sie einfach 90 g weniger Mehl.*
- *Sie können das Rezept äußerst schmackhaft variieren, indem Sie in den Teig 100 g gemahlene Nüsse rühren.*

BUTTER

Butter wird aus dem süßen oder gesäuerten, pasteurisierten Rahm von Kuhmilch hergestellt und kommt bei uns als milde Süßrahmbutter oder etwas aromatischere Sauerrahmbutter in den Handel. Gesalzene Butter ist in der Regel Süßrahmbutter, der Salz zugesetzt wurde. In Deutschland wird sowohl einheimische als auch importierte Butter in drei Handelsklassen angeboten, der jeweiligen Zuordnung liegen Bewertungskriterien wie Geruch und Geschmack zugrunde. Markenbutter erfüllt höchste Qualitätsanforderungen, weitere Handelsklassen sind Molkereibutter und Kochbutter.

RLF-57
NEW YORK
NEW JERSEY
MORGN
GARDEN STATE

Vanilla Bean Sugar Cookies

Vanillekekse

elegant

- *Ergibt ca. 45 Stück*
- *Zubereitung: ca. 1 Std.*
- *ca. 120 kcal pro Stück*

ZUTATEN

Für den Teig
350 g Mehl
1 TL Backpulver
1 TL Salz
60 g Puderzucker
220 g weiche Butter
210 g Zucker
1 1/2 P. Bourbon-Vanillezucker
2 Eier

Für die Glasur
220 g Puderzucker
4 EL Milch
1/2 P. Bourbon-Vanillezucker

Außerdem
Zucker zum Eintauchen

1. Das Mehl in eine Schüssel sieben. Backpulver und Salz dazugeben und alles gründlich miteinander vermischen.

2. Den Puderzucker in eine große Schüssel sieben. Die Butter dazugeben, den Zucker unter ständigem Rühren einrieseln lassen und alles schaumig schlagen. Zuletzt den Vanillezucker und nacheinander die Eier dazugeben, diese jeweils einzeln gut unterrühren.

3. Die Mehlmischung nach und nach zu der Buttermischung geben und das Ganze zu einem glatten Teig verrühren. Den Ofen auf 190 °C vorheizen.

4. Ein Backblech mit Backpapier auslegen. Aus dem Teig 3 bis 4 cm große Bällchen formen und diese mit etwa 6 cm Abstand auf das Backblech legen.

5. Den Boden eines Trinkglases in Zucker tauchen und die Bällchen damit vorsichtig flachdrücken, bis sie nur noch etwa 1 cm dick sind. Die Kekse auf der mittleren Schiene in 10 bis 12 Minuten goldgelb backen.

6. Inzwischen für die Glasur den Puderzucker in eine mittelgroße Schüssel sieben. Die Milch und den Vanillezucker dazugeben und das Ganze mit einem Schneebesen gründlich verquirlen.

7. Die Kekse aus dem Ofen nehmen und noch warm mit der Glasur bestreichen. Sobald diese getrocknet ist, die Kekse servieren.

(auf dem Foto: links)

BAKER'S TIP

- *Für festliche Anlässe können Sie die Kekse auch mit gehackten Nüssen, Kokosnußraspeln oder bunten Zuckerstreuseln garnieren. Geben Sie die Garnitur auf die noch feuchte Glasur.*

Coconut Cookies

Kokosnußkekse

knusprig

- *Ergibt ca. 40 Stück*
- *Zubereitung: ca. 1 Std.*
- *ca. 130 kcal pro Stück*

ZUTATEN

210 g Mehl
200 g zarte Haferflocken
1 TL Natron
1 TL Salz
220 g weiche Butter
320 g Zucker
1 EL Zuckerrübensirup
2 Eier
1 P. Bourbon-Vanillezucker
90 g Kokosraspel

1. Das Mehl in eine Schüssel sieben. Haferflocken, Natron und Salz dazugeben und alles miteinander vermischen.

2. Die Butter in eine Schüssel geben und cremig rühren. Den Zucker einrieseln lassen und mit der Butter schaumig schlagen. Den Zuckerrübensirup und nacheinander die Eier dazugeben, diese jeweils einzeln gut unterrühren. Den Vanillezucker hinzufügen und alles gründlich miteinander verrühren.

3. Die Mehlmischung nach und nach zu der Buttermischung geben und das Ganze zu einem Teig verarbeiten.

4. Dann die Kokosraspel zu dem Teig geben und sie mit einem großen Löffel unterheben. Den Ofen auf 180 °C vorheizen.

5. Ein Backblech mit Backpapier auslegen. Aus dem Teig etwa 4 cm große Bälle formen und diese mit etwa 8 cm Abstand nebeneinander auf das Backblech legen. Die Kekse auf der mittleren Schiene in 10 bis 15 Minuten goldbraun backen.

(auf dem Foto: rechts)

Lemon Almond Butter Cookies

Zitronen-Mandel-Butterkekse

einfach

- *Ergibt ca. 45 Stück*
- *Zubereitung: ca. 50 Min.*
- *ca. 70 kcal pro Stück*

ZUTATEN

170 g weiche Butter
210 g Zucker
1 Ei
1 P. Citroback
210 g Mehl
60 g gehackte Mandeln
Zucker zum Eintauchen

1. Die Butter und den Zucker schaumig schlagen. Das Ei gut unterrühren. Das Citroback hinzufügen und alles gründlich miteinander verrühren.

2. Das Mehl dazusieben und das Ganze gründlich zu einem glatten Teig verrühren. Zuletzt die Mandeln zum Teig geben und mit einem großen Löffel unterheben. Den Ofen auf 180 °C vorheizen.

3. Ein Backblech mit Backpapier auslegen. Aus dem Teig etwa 3 cm große Bällchen formen. Diese mit etwa 7 cm Abstand nebeneinander auf das Backblech legen.

4. Den Boden eines Trinkglases in Zucker tauchen, die Bällchen damit flachdrücken, bis sie etwa 1 cm dick sind. Die Kekse auf der mittleren Schiene in etwa 12 Minuten goldbraun backen.

Ginger Snaps

Ingwerplätzchen

fein-würzig

- *Ergibt ca. 50 Stück*
- *Zubereitung: ca. 40 Min.*
- *ca. 80 kcal pro Stück*

ZUTATEN

350 g Mehl
2 TL Natron
1-2 EL Ingwerpulver
2 TL Zimtpulver
1/2 TL Salz
170 g weiche Butter
260 g Zucker
75 ml Zuckerrübensirup
1 Ei
1 P. Citroback

1. Das Mehl in eine Schüssel sieben. Natron, Ingwerpulver, Zimtpulver und Salz dazugeben und alles mit einem Schneebesen vermischen.

2. Die Butter in einer Schüssel geschmeidig rühren und mit 210 g Zucker schaumig schlagen. Den Sirup dazugeben, das Ei und zuletzt das Citroback unterrühren.

3. Die Mehlmischung nach und nach dazugeben und das Ganze zu einem glatten Teig verrühren. Den Ofen auf 180 °C vorheizen.

4. Ein Backblech mit Backpapier auslegen. Aus dem Teig etwa 3 cm große Bällchen formen, diese in den restlichen 50 g Zucker wenden und mit etwa 5 cm Abstand nebeneinander auf das Backblech legen. Die Kekse auf der mittleren Schiene in etwa 15 Minuten goldbraun backen.

(auf dem Foto)

IS LEGAL TENDER
B38430277C

Almond Delights
Mandelplätzchen

knackig

- *Ergibt ca. 40 Stück*
- *Zubereitung: ca. 1 Std.*
- *ca. 130 kcal pro Stück*

ZUTATEN

Für den Teig
210 g Mehl
100 g Haferflocken
1 TL Natron
1/2 TL Salz
150 g weiche Butter
270 g Zucker
1 EL Zuckerrübensirup
1 Ei
1 P. Bourbon-Vanillezucker

Für die Glasur
4 EL Butter
3 EL Milch
150 g Puderzucker
4 TL Zuckerrübensirup
100 g Mandelstifte

Außerdem
Zucker zum Eintauchen

1. Das Mehl in eine Schüssel sieben. Haferflocken, Natron und Salz dazugeben und alles mit einem Schneebesen vermischen.

2. Die Butter in eine Schüssel geben und cremig rühren. Den Zucker einrieseln lassen und mit der Butter schaumig schlagen. Den Zuckerrübensirup dazugeben, das Ei gut unterrühren. Zuletzt den Vanillezucker hinzufügen und alles gründlich miteinander verrühren.

3. Die Mehlmischung nach und nach zu der Buttermischung geben und das Ganze so lange verrühren, bis das Mehl ganz untergearbeitet und ein glatter Teig entstanden ist. Den Ofen auf 180 °C vorheizen.

4. Ein Backblech mit Backpapier auslegen. Aus dem Teig 3 bis 4 cm große Bällchen formen und diese mit etwa 6 cm Abstand nebeneinander auf das Backblech legen.

5. Den Boden eines Trinkglases in Zucker tauchen und die Bällchen damit vorsichtig flachdrücken, bis sie nur noch etwa 1 cm dick sind. Die Kekse auf der mittleren Schiene im Backofen in 10 bis 12 Minuten goldbraun backen.

6. Inzwischen für die Glasur die Butter bei geringer Hitze in einer kleinen Pfanne zerlassen. Dann die Milch angießen, den Puderzucker hineinsieben und den Zuckerrübensirup dazugeben. Das Ganze mit einem Schneebesen schlagen.

7. Die Kekse aus dem Ofen nehmen und noch warm mit der Glasur bestreichen. Sie mit den Mandelstiften bestreuen, solange die Glasur noch feucht ist. Sobald diese getrocknet ist, die Kekse servieren.

(auf dem Foto)

Breakfast Cookies

Frühstückskekse

nussig

- *Ergibt ca. 40 Stück*
- *Zubereitung: ca. 45 Min.*
- *ca. 130 kcal pro Stück*

ZUTATEN

280 g Mehl
1 TL Natron
1/2 TL Salz
1 TL Zimtpulver
100 g Haselnußkerne
225 g weiche Butter
210 g Zucker
1 EL Zuckerrübensirup
2 Eier
1 P. Bourbon-Vanillezucker
60 g Cornflakes
100 g zarte Haferflocken

1. Das Mehl in eine Schüssel sieben. Natron, Salz und Zimtpulver dazugeben und alles miteinander vermischen. Die Nüsse fein hacken.

2. Die Butter in einer Schüssel cremig rühren. Den Zucker einrieseln lassen und mit der Butter schaumig schlagen. Den Zuckerrübensirup und nacheinander die Eier dazugeben, diese jeweils einzeln gut unterrühren. Zuletzt den Vanillezucker hinzufügen und alles miteinander verrühren.

3. Die Mehlmischung nach und nach zu der Buttermischung geben und das Ganze zu einem glatten Teig verarbeiten. Haselnüsse, Cornflakes und Haferflocken zum Teig geben und mit einem großen Löffel vorsichtig unterheben. Den Ofen auf 190 °C vorheizen.

4. Ein Backblech mit Backpapier auslegen. Aus dem Teig etwa 4 cm große Bällchen formen und diese mit etwa 8 cm Abstand nebeneinander auf das Backblech legen. Die Kekse auf der mittleren Schiene in etwa 12 Minuten goldbraun backen.

Calico Tea Cookies

Gescheckte Teekekse

attraktiv

- *Ergibt ca. 30 Stück*
- *Zubereitung: ca. 40 Min. (plus ca. 2 Std. Kühlzeit)*
- *ca. 80 kcal pro Stück*

ZUTATEN

30 g Zartbitterschokolade
210 g Mehl
1 TL Backpulver
1/4 TL Salz
120 g Butter
160 g Zucker
1 Ei
1 P. Bourbon-Vanillezucker
1/2 TL Mandelaroma

1. Die Schokolade in ein geeignetes Gefäß bröckeln und in der Mikrowelle oder auf dem Herd schmelzen lassen. Dabei darauf achten, daß sie weder zu kochen beginnt noch anbrennt. Die geschmolzene Schokolade beiseite stellen und etwas abkühlen lassen.

2. Das Mehl in eine Schüssel sieben. Das Backpulver und das Salz dazugeben und alles gründlich miteinander vermischen.

3. Die Butter in eine große Schüssel geben und cremig rühren. Den Zucker einrieseln lassen und mit der Butter schaumig schlagen. Das Ei dazugeben und gut unterrühren. Zuletzt den Vanillezucker sowie das Mandelaroma hinzufügen und alles gründlich miteinander verrühren.

4. Die Mehlmischung nach und nach zu der Buttermischung geben und das Ganze so lange verrühren, bis das Mehl ganz untergearbeitet und ein glatter Teig entstanden ist.

5. Die Hälfte des Teigs auf ein großes Stück Klarsichtfolie legen. Die geschmolzene Schokolade zum restlichen Teig geben und langsam unterrühren.

6. Den Schokoladenteig zusammen mit der anderen Hälfte des Teigs zu einer großen Kugel formen und daraus eine gleichmäßige, etwa 35 cm lange Rolle mit etwa 4 cm Durchmesser formen. Die Teigrolle in die Klarsichtfolie einwickeln und etwa 2 Stunden im Kühlschrank ruhen lassen.

7. Danach den Ofen auf 190 °C vorhelzen und ein Backblech mit Backpapier auslegen. Den Teig aus der Folie nehmen und in etwa 1 cm dicke Scheiben schneiden. Die Teigscheiben auf das Backblech legen und auf der mittleren Schiene 8 bis 9 Minuten backen. Die Kekse sollten dabei etwas erhärten, jedoch nicht braun werden.

Oatmeal Raisin Cookies
Haferflocken-Rosinen-Kekse

unkompliziert

- *Ergibt ca. 60 Stück*
- *Zubereitung: ca. 1 1/4 Std.*
- *ca. 100 kcal pro Stück*

ZUTATEN

280 g Mehl
1 TL Natron
1 TL Zimtpulver
1 TL Salz
220 g Margarine
320 g Zucker
2 EL Zuckerrübensirup
2 Eier
1 P. Bourbon-Vanillezucker
2 EL Orangensaft
300 g zarte Haferflocken
160 g ungeschwefelte Rosinen

1. Das Mehl in eine Schüssel sieben. Natron, Zimtpulver und Salz dazugeben und alles miteinander vermischen.

2. Die Margarine in einer großen Schüssel cremig rühren. Unter ständigem Rühren den Zucker einrieseln lassen und den Zuckerrübensirup dazugeben. Nacheinander die Eier dazugeben, sie dabei jeweils einzeln gut unterrühren. Zuletzt den Vanillezucker sowie den Orangensaft hinzufügen und alles gründlich miteinander verrühren.

3. Die Mehlmischung nach und nach zu der Margarinemischung geben und das Ganze zu einem glatten Teig verrühren. Die Haferflocken und die Rosinen zum Teig geben und sie mit einem großen Löffel vorsichtig unterrühren. Den Ofen auf 160 °C vorheizen.

4. Ein Backblech mit Backpapier auslegen. Aus dem Teig etwa 4 cm große Bällchen formen und diese mit etwa 8 cm Abstand auf das Blech legen. Die Kekse auf der mittleren Schiene in 10 bis 15 Minuten goldbraun backen.

BAKER'S TIP

Reichen Sie Ihren Gästen zu diesen äußerst schmackhaften Keksen am besten frisch gepreßten Orangensaft.

ROSINEN

Rosinen haben als Nahrungsmittel eine lange Geschichte – denn das Trocknen von Früchten ist eine der ältesten Konservierungsmethoden, und Wein wird seit alters her angebaut. Trauben aus hellen und dunklen Rebsorten werden zu Rosinen getrocknet. Beim Einkauf sollte man ungeschwefelte Früchte bevorzugen, da viele Menschen auf Schwefeldioxid empfindlich reagieren. Rosinen sollten an einem kühlen, dunklen Ort aufbewahrt werden, verklebte Früchte kann man mit etwas Mehl oder warmem Wasser wieder trennen. Fruchtige, dicke Rosinen erhält man, wenn man sie 15 Minuten in warmem Wasser einweicht.

Brownie Cookies

Browniekekse

schokoladig

- *Ergibt ca. 45 Stück*
- *Zubereitung: ca. 50 Min.*
- *ca. 100 kcal pro Stück*

ZUTATEN

280 g Zartbitterschokolade
280 g Mehl
1 TL Backpulver
1/4 TL Salz
90 g Margarine
210 g Zucker
3 Eier
1 P. Bourbon-Vanillezucker
45 Haselnußkerne

1. Die Schokolade in ein geeignetes Gefäß bröckeln und in der Mikrowelle oder auf dem Herd schmelzen lassen. Dabei darauf achten, daß sie weder zu kochen beginnt noch anbrennt. Die geschmolzene Schokolade beiseite stellen und etwas abkühlen lassen.

2. Das Mehl in eine Schüssel sieben. Backpulver und Salz dazugeben und alles gründlich miteinander vermischen.

3. Die Margarine in eine große Schüssel geben und cremig rühren. Unter ständigem Rühren den Zucker einrieseln lassen. Nacheinander die Eier dazugeben, sie dabei jeweils einzeln gut unterrühren. Zuletzt den Vanillezucker hinzufügen und die geschmolzene Schokolade langsam unterrühren.

4. Die Mehlmischung nach und nach zur Schokoladen-Margarine-Mischung geben und das Ganze so lange verrühren, bis das Mehl ganz untergearbeitet und ein glatter Teig entstanden ist. Den Ofen auf 160 °C vorheizen.

5. Ein Backblech mit Backpapier auslegen. Aus dem Teig etwa 3 cm große Bällchen formen und diese mit etwa 5 cm Abstand nebeneinander auf das Backblech legen. Jeweils 1 Haselnuß auf die Mitte der Kekse setzen und etwas andrücken.

6. Die Kekse auf der mittleren Schiene etwa 12 Minuten backen, bis sie etwas erhärtet sind. Sie vor dem Servieren etwa 10 Minuten auf dem Backblech abkühlen lassen.

(auf dem Foto)

BAKER'S TIP

- ***Wahlweise können Sie die Brownie Cookies auch mit Walnüssen oder Mandeln belegen.***

Peanut Butter Cookies

Erdnußcremekekse

knusprig

- *Ergibt ca. 50 Stück*
- *Zubereitung: ca. 1 Std.*
- *ca. 80 kcal pro Stück*

ZUTATEN

210 g Mehl
1 TL Natron
$^1/_2$ TL Salz
110 g Butter
160 g Zucker
1 EL Honig
1 Ei
250 g Erdnußcreme
Zucker zum Eintauchen

1. Das Mehl in eine Schüssel sieben. Natron und Salz dazugeben und alles gründlich miteinander vermischen.

2. Die Butter in einer Schüssel cremig rühren. Den Zucker einrieseln lassen und mit der Butter schaumig schlagen. Den Honig und das Ei gut unterrühren. Zuletzt die Erdnußcreme hinzufügen und alles gründlich miteinander verrühren.

3. Die Mehlmischung nach und nach zu der Buttermischung geben und das Ganze zu einem glatten Teig verarbeiten. Den Ofen auf 190 °C vorheizen.

4. Ein Backblech mit Backpapier auslegen. Aus dem Teig etwa 3 cm große Bällchen formen und diese mit etwa 5 cm Abstand nebeneinander auf das Backblech legen.

5. Eine Gabel in Zucker tauchen und damit auf jeden Keks ein „X" einritzen. Die Kekse auf der mittleren Schiene in etwa 12 Minuten goldbraun backen, dabei darauf achten, daß sie nicht zu hart werden.

Black & Whites

Schwarzweißkekse

dekorativ

- *Ergibt ca. 40 Stück*
- *Zubereitung: ca. 50 Min.*
- *ca. 160 kcal pro Stück*

ZUTATEN

320 g Mehl
50 g Kakaopulver
1 TL Natron
1/4 TL Salz
200 g weiße Schokolade
200 g Zartbitterschokolade
220 g Butter
320 g Zucker
2 EL Zuckerrübensirup
2 Eier
1 P. Bourbon-Vanillezucker
1 EL Milch

1. Das Mehl in eine Schüssel sieben. Kakaopulver, Natron und Salz dazugeben und alles gut mit einem Schneebesen vermischen. Die beiden Schokoladensorten zerkleinern.

2. Die Butter in einer großen Schüssel cremig rühren. Den Zucker einrieseln lassen und mit der Butter schaumig schlagen. Den Sirup und nacheinander die Eier dazugeben, diese jeweils einzeln gut unterrühren. Vanillezucker und die Milch hinzufügen und alles miteinander verrühren.

3. Die Mehlmischung nach und nach dazugeben und das Ganze zu einem glatten Teig verrühren. Die Schokoladenstückchen mit einem großen Löffel unterheben. Den Ofen auf 190 °C vorheizen.

4. Ein Backblech mit Backpapier auslegen. Aus dem Teig etwa 4 cm große Bällchen formen und diese mit etwa 8 cm Abstand nebeneinander auf das Backblech legen. Die Kekse auf der mittleren Schiene 10 bis 12 Minuten backen, bis sie in der Mitte etwas erhärtet sind.

SCHOKOLADE

Wie so viele andere, heute von unserem Speiseplan nicht mehr wegzudenkende Nahrungsmittel verdanken wir auch die Schokolade (von aztekisch „xocolatl") den amerikanischen Indianern. Grundstoff für diese Köstlichkeit ist die aus den Bohnen des in Amerika heimischen Kakaobaums hergestellte Kakaomasse. Lediglich weiße Schokolade wird aus dem Kakaobutter genannten Fett der Kakaomasse zubereitet. Zartbitterschokolade erhält ihren herben, intensiven Geschmack durch einen Kakaoanteil von mindestens 50 %, der süßer schmeckenden Vollmilchschokolade wird bei der Herstellung Milch zugegeben. Schokolade ist in Tafeln, als Streusel oder Raspel erhältlich. Die in Amerika beliebten Schokoladentröpfchen (Chocolate Chips), die sich als Backzutat hervorragend eignen, werden auch bei uns immer populärer.

Choco-Banana-Cookies

Schokoladen-Bananen-Kekse

mal was anderes

- *Ergibt ca. 40 Stück*
- *Zubereitung: ca. 50 Min.*
- *ca. 170 kcal pro Stück*

ZUTATEN

390 g Mehl
1 TL Natron
1/2 TL Salz
400 g Zartbitterschokolade
2 sehr reife Bananen
220 g weiche Butter
320 g Zucker
1 EL Zuckerrübensirup
2 Eier
1 P. Bourbon-Vanillezucker

1. Das Mehl in eine Schüssel sieben. Natron und Salz dazugeben und alles gründlich miteinander vermischen.

2. Die Schokolade zerkleinern, die Bananen gut zerdrücken.

3. Die Butter in eine große Schüssel geben und cremig rühren. Den Zucker einrieseln lassen und mit der Butter schaumig schlagen. Den Sirup und nacheinander die Eier dazugeben, diese jeweils einzeln gut unterrühren. Den Vanillezucker und zuletzt die Bananen unterrühren.

4. Die Mehlmischung nach und nach zu der Butter-Bananen-Mischung geben und so lange verrühren, bis das Mehl ganz untergearbeitet und ein glatter Teig entstanden ist. Die Schokoladenstückchen zum Teig geben und sie mit einem großen Löffel unterheben. Den Ofen auf 190 °C vorheizen.

5. Ein Backblech mit Backpapier auslegen. Aus dem Teig etwa 4 cm große Bällchen formen und diese mit etwa 8 cm Abstand nebeneinander auf das Backblech legen. Die Kekse auf der mittleren Schiene in 10 bis 12 Minuten goldbraun backen.

(auf dem Foto: links)

BAKER'S TIP

- ***Wenn Sie gerne Nüsse essen, können Sie in den Teig zusätzlich 100 g gemahlene Walnüsse unterrühren.***

BANANEN

Die bei uns als Bananen bezeichneten Früchte sind die ganzjährig im Handel angebotenen Obstbananen. Die in vielen Ländern als Gemüse verwendeten, jedoch nicht zum rohen Verzehr geeigneten Koch- oder Gemüsebananen sind bei uns nur wenig erhältlich. Zum Backen verwendet man zumeist überreife, besonders süße Obstbananen. Den Reifezustand erkennt man an der braun gefleckten oder gänzlich braunen Schale. Damit Bananen schnell nachreifen, legt man sie zusammen mit einer Apfelscheibe für 1 bis 2 Tage in eine Papiertüte.

Double Chocolate Hazelnut Cookies

Schokoladen-Haselnuß-Kekse

dekorativ

- *Ergibt ca. 40 Stück*
- *Zubereitung: ca. 50 Min.*
- *ca. 230 kcal pro Stück*

ZUTATEN

350 g Mehl
1 TL Natron
1/4 TL Salz
50 g Kakaopulver
400 g weiße Schokolade
220 g Butter
320 g Zucker
2 EL Zuckerrübensirup
2 Eier
1 P. Bourbon-Vanillezucker
2 EL Milch
120 g Haselnußkerne

1. Das Mehl in eine Schüssel sieben. Natron, Salz und Kakaopulver dazugeben und alles mit einem Schneebesen vermischen. Die Schokolade zerkleinern.

2. Die Butter in eine große Schüssel geben und cremig rühren. Unter ständigem Rühren den Zucker einrieseln lassen und den Zuckerrübensirup dazugeben. Nacheinander die Eier dazugeben, sie dabei jeweils einzeln gut unterrühren. Zuletzt den Vanillezucker und die Milch unterrühren.

3. Die Mehlmischung nach und nach zu der Buttermischung geben und das Ganze zu einem glatten Teig verarbeiten. Dann die Schokoladenstückchen zusammen mit den Nüssen zum Teig geben und alles mit einem großen Löffel gut unterrühren. Den Ofen auf 190 °C vorheizen.

4. Ein Backblech mit Backpapier auslegen. Aus dem Teig etwa 4 cm große Bällchen formen und diese mit etwa 8 cm Abstand nebeneinander auf das Backblech legen. Die Kekse auf der mittleren Schiene 10 bis 12 Minuten backen, bis sie in der Mitte erhärtet sind.

(auf dem Foto: rechts)

Raspberry Almond Dots
Himbeer-Mandel-Keks

köstlich

- *Ergibt ca. 35 Stück*
- *Zubereitung: ca. 40 Min. (plus ca. 30 Min. Kühlzeit)*
- *ca. 100 kcal pro Stück*

ZUTATEN

2 Eier
150 g weiche Butter
110 g Zucker
1 P. Bourbon-Vanillezucker
1/4 TL Salz
210 g Mehl
100 g gehackte Mandeln
180 g Himbeermarmelade

1. Die Eier trennen. Die Butter in eine große Schüssel geben und cremig rühren. Unter ständigem Rühren den Zucker einrieseln lassen und alles schaumig schlagen. Die Eigelbe, den Vanillezucker und zuletzt das Salz hinzufügen und alles gründlich miteinander verrühren.

2. Das Mehl zur Buttermischung sieben und das Ganze so lange verrühren, bis das Mehl ganz untergearbeitet und ein glatter Teig entstanden ist. Die Schüssel abdecken und den Teig etwa 30 Minuten im Kühlschrank kalt stellen.

3. Danach den Ofen auf 160 °C vorheizen. Ein Backblech mit Backpapier auslegen. Die Eiweiße und die Mandeln jeweils in einem Schüsselchen bereit stellen.

4. Aus dem Teig etwa 4 cm große Bällchen formen und diese zuerst in Eiweiß tauchen und dann in den Mandeln rollen. Die Bällchen mit etwa 5 cm Abstand nebeneinander auf das Backblech legen, sie dabei mit dem Daumen in der Mitte etwas eindrücken. Die Kekse auf der mittleren Schiene 10 bis 15 Minuten backen, bis die Mandeln leicht braun werden.

5. Die Kekse herausnehmen und abkühlen lassen. Dann jeweils etwa 1/2 Teelöffel Himbeermarmelade in die Mulden geben und die Kekse servieren.

BAKER'S TIPS

- ***Anstelle von Himbeermarmelade können Sie nach Belieben auch andere Marmeladensorten verwenden.***
- ***Wenn Sie die Kekse beispielsweise für Gäste zubereiten wollen, können Sie sich bei der Vorbereitung erheblich Zeit sparen: Bereiten Sie den Teig bereits bis zu 1 Woche im voraus zu. Wickeln Sie ihn dann fest in Alufolie ein, und bewahren Sie ihn im Kühlschrank auf.***

Cheesecake Squares

Käsekuchenhappen

cremig

- *Ergibt ca. 16 Stück*
- *Zubereitung: ca. 55 Min.*
- *ca. 170 kcal pro Stück*

ZUTATEN

Für den Teig

90 g weiche Butter
50 g Zucker
140 g Mehl
7 Vollkornkekse (ca. 50 g)

Für den Belag

200 g Frischkäse (Doppelrahmstufe)
50 g Zucker
1 Ei
2 EL Milch
1 P. Bourbon-Vanillezucker
1/2 TL Citroback
2 EL gehackte Mandeln

Außerdem

Butter für die Form

1. Den Backofen auf 180 °C vorheizen. Eine quadratische Kuchenform (20 x 20 cm) mit Butter ausfetten.

2. Die Butter in eine große Schüssel geben und cremig rühren. Unter ständigem Rühren den Zucker einrieseln lassen und das Ganze schaumig schlagen. Das Mehl nach und nach dazusieben und alles zu einem glatten Teig verrühren. Die Kekse zerkrümeln und unter den Teig heben. Etwa 1/3 des Teigs beiseite stellen.

3. Die restlichen 2/3 des Teigs für den Kuchenboden gleichmäßig in die Kuchenform verteilen und andrücken. Den Kuchenboden auf der mittleren Schiene in 10 bis 15 Minuten backen, bis er leicht gebräunt ist. Ihn dann herausnehmen und abkühlen lassen, dabei den Ofen nicht ausschalten.

4. Für den Belag den Frischkäse zusammen mit dem Zucker in eine Schüssel geben und das Ganze gründlich verrühren. Das Ei, Milch, Vanillezucker und Citroback dazugeben und alles gut miteinander verrühren. Die Käsemischung auf dem abgekühlten Kuchenboden gleichmäßig verteilen.

5. Den übrigen Teig auf die Käsemischung krümeln und darauf die Mandeln streuen.

6. Den Kuchen auf der mittleren Schiene in 20 bis 25 Minuten backen, bis er leicht gebräunt ist. Ihn dann herausnehmen, in der Form abkühlen lassen und anschließend im Kühlschrank kalt stellen. Den Kuchen vor dem Servieren in etwa 5 x 5 cm große Quadrate schneiden.

BAKER'S TIP

- ***Die Cheesecake Squares schmecken am besten zimmerwarm. Nehmen Sie sie deshalb bereits einige Zeit vor dem Servieren aus dem Kühlschrank.***

Blondies

Blondinen

verführerisch

- *Ergibt ca. 24 Stück*
- *Zubereitung: ca. 45 Min.*
- *ca. 200 kcal pro Stück*

ZUTATEN

Für den Teig

110 g Butter
210 g Mehl
1/2 TL Natron
1/4 TL Salz
50 g Walnußkerne
210 g Zucker
2 TL Zuckerrübensirup
1 Ei
1 P. Bourbon-Vanillezucker
2 EL Milch

Für die Glasur

70 g Puderzucker
1 EL Milch

Außerdem

Butter für die Form

1. Die Butter in einem geeigneten Gefäß in der Mikrowelle oder auf dem Herd zerlassen und dann etwas abkühlen lassen.

2. Das Mehl in eine Schüssel sieben. Natron und Salz dazugeben und alles gut miteinander vermischen. Die Nüsse fein hacken.

3. Den Ofen auf 180 °C vorheizen. Eine quadratische Kuchenform (20 x 20 cm) mit Butter ausfetten.

4. Die Butter in eine Schüssel geben. Unter ständigem Rühren den Zucker einrieseln lassen. Sirup, Ei, Vanillezucker und Milch gut unterrühren.

5. Die Mehlmischung nach und nach dazugeben und das Ganze zu einem glatten Teig verrühren. Zuletzt die Walnüsse mit einem großen Löffel unterheben.

6. Den Teig in die Form füllen und auf der mittleren Schiene 30 bis 35 Minuten backen. Danach den Kuchen aus dem Ofen nehmen und in der Form abkühlen lassen.

7. Inzwischen für die Glasur den Puderzucker in eine Schüssel fein sieben und zusammen mit der Milch gründlich verquirlen.

8. Den Kuchen mit der Glasur bestreichen und diese trocknen lassen. Ihn in etwa 5 x 5 cm große Quadrate schneiden.

(auf dem Foto)

BAKER'S TIP

■ *Für Schokoladenfans können Sie noch zusätzlich 50 g zerkleinerte Zartbitterschokolade unter den Rührteig heben.*

ZUCKERRÜBENSIRUP

Der auch Rübensaft genannte, vitamin- und mineralstoffhaltige Sirup wird aus Zuckerrüben hergestellt und dient zum Kochen, Backen oder als Brotaufstrich. Kombiniert mit feinem Zucker entwickelt er die gleichen Qualitäten wie der in Amerika beliebte braune Zucker. Dieser besteht aus mit Melasse gefärbtem Zucker. Melasse ist eine dem Rübensirup sehr ähnliche Masse, die bei der Herstellung von Rohrzucker anfällt.

Granola Bars

Granola Riegel

knusprig

- *Ergibt ca. 16 Stück*
- *Zubereitung: ca. 45 Min.*
- *ca. 340 kcal pro Stück*

ZUTATEN

200 g Rosinen
90 g Kokosraspel
240 g süße Sahne
1 TL Bourbon-Vanillezucker
Butter für die Form
190 g Mehl
250 g zarte Haferflocken
1 TL Natron
1 TL Zimtpulver
170 g weiche Butter
180 g Rohrzucker

1. Die Rosinen zusammen mit den Kokosraspeln und der Sahne in einen Topf geben. Das Ganze unter ständigem Rühren bei mittlerer Hitze so lange kochen, bis die Sahne von der Rosinen-Kokos-Mischung aufgesogen ist. Die Mischung vom Herd nehmen, den Vanillezucker einrühren und alles abkühlen lassen.

2. Den Ofen auf 190 °C vorheizen. Eine rechteckige Kuchenform (20 x 30 cm) mit Butter ausfetten. Das Mehl in eine Schüssel sieben. Haferflocken, Natron und Zimtpulver dazugeben und alles miteinander vermischen.

3. Die Butter zusammen mit dem Zucker in einer Schüssel schaumig schlagen. Die Mehlmischung nach und nach dazugeben und das Ganze zu einem krümeligen Teig verkneten. 2/3 des Teigs gleichmäßig in der Form verteilen, ihn dabei gut andrücken. Die Füllung darauf verteilen und den restlichen Teig darübergeben.

4. Den Kuchen auf der mittleren Schiene in 25 Minuten backen. Ihn abkühlen lassen und vor dem Servieren in etwa 6 x 5 cm große Rechtecke schneiden.

Classic Brownies

Klassische Brownies

schokoladig

- *Ergibt ca. 24 Stück*
- *Zubereitung: ca. 45 Min.*
- *ca. 160 kcal pro Stück*

ZUTATEN

230 g Zartbitterschokolade
130 g Butter
140 g Mehl
1/2 TL Backpulver
1/4 TL Salz
210 g Zucker, 1 P. Bourbon-Vanillezucker, 3 Eier

1. Von der Schokolade 200 g mit 120 g Butter schmelzen und abkühlen lassen. Die restliche Schokolade zerkleinern.

2. Mehl, Backpulver und Salz miteinander vermischen. Den Ofen auf 180 °C vorheizen. Eine Kuchenform (20 x 30 cm) mit der restlichen Butter ausfetten. Die lauwarme Schokoladenmischung zusammen mit Zucker, Vanillezucker und Eiern verrühren.

3. Die Mehlmischung nach und nach dazugeben und alles vorsichtig zu einem glatten Teig verrühren. Die Schokoladenstückchen unterheben. Den Teig in die Form geben und auf der mittleren Schiene 25 Minuten backen. Ihn abkühlen lassen und in etwa 5 cm große Quadrate schneiden.

(auf dem Foto)

Ultimate Brownies

Das Beste in Sachen Brownie

köstlich

- *Ergibt ca. 16 Stück*
- *Zubereitung: ca. 50 Min.*
- *ca. 160 kcal pro Stück*

ZUTATEN

170 g Zartbitterschokolade
80 g Butter
1 TL Instant-Kaffeepulver
2 EL Milch
160 g Zucker
1 TL Zuckerrübensirup
1 P. Bourbon-Vanillezucker
110 g Mehl
je 1/4 TL Natron und Salz
1 Ei

1. Die Schokolade sowie 75 g Butter zusammen schmelzen lassen und vom Herd nehmen, sobald die Schokolade geschmolzen ist. Dann Kaffeepulver, Milch, Zucker, Zuckerrübensirup sowie Vanillezucker unterrühren.

2. Den Ofen auf 180 °C vorheizen. Eine quadratische Kuchenform (20 x 20 cm) mit etwas Butter ausfetten. Das Mehl in eine Schüssel sieben. Natron und Salz dazugeben und alles gut miteinander vermischen.

3. Unter ständigem Rühren das Ei sowie nach und nach die Mehlmischung zur Butter-Schokoladen-Mischung geben und das Ganze zu einem glatten Teig verarbeiten.

4. Den Rührteig in die Form füllen und die Brownies auf der mittleren Schiene 25 bis 30 Minuten backen. Den Kuchen abkühlen lassen und dann in etwa 5 x 5 cm große Quadrate schneiden.

Espresso Brownies

Espresso-Brownies

fein

- *Ergibt ca. 24 Stück*
- *Zubereitung: ca. 45 Min.*
- *ca. 150 kcal pro Stück*

ZUTATEN

Für den Teig
140 g Mehl
1/2 TL Backpulver
1/4 TL Salz
200 g Zartbitterschokolade
130 g Butter
220 g Zucker
1 P. Bourbon-Vanillezucker
3 Eier

Für die Glasur
130 g Zartbitterschokolade
50 g Butter
2 EL Espresso oder sehr starker Kaffee
50 g gehobelte Mandeln

Außerdem
Butter für die Form

1. Das Mehl in eine Schüssel sieben. Backpulver und Salz dazugeben und alles gründlich miteinander vermischen.

2. Für den Teig die Schokolade und die Butter zusammen bei kleiner Hitze unter ständigem Rühren schmelzen lassen. Sobald die Schokolade geschmolzen ist, die Mischung vom Herd nehmen und etwas abkühlen lassen.

3. Den Ofen auf 180 °C vorheizen. Eine rechteckige Kuchenform (20 x 30 cm) mit Butter ausfetten.

4. Die lauwarme Schokoladen-Butter-Mischung in eine Schüssel umfüllen und unter ständigem Rühren den Zucker einrieseln lassen. Den Vanillezucker und zuletzt nacheinander die Eier dazugeben, sie dabei jeweils einzeln gut unterrühren.

5. Die Mehlmischung nach und nach zur Schokoladen-Butter-Mischung geben und das Ganze so lange verrühren, bis das Mehl ganz untergearbeitet und ein glatter Teig entstanden ist.

6. Den Teig in der Kuchenform gleichmäßig verteilen und auf der mittleren Schiene 25 Minuten backen. Ihn dann herausnehmen und in der Form abkühlen lassen.

7. Inzwischen für die Glasur die Schokolade und die Butter zusammen bei kleiner Hitze unter ständigem Rühren schmelzen lassen. Sobald die Schokolade geschmolzen ist, die Mischung vom Herd nehmen und Espresso oder Kaffee gründlich unterrühren.

8. Den Kuchen mit der Schokoladenglasur bestreichen und mit den Mandeln bestreuen, solange die Glasur noch nicht getrocknet ist. Sie erkalten lassen und den Kuchen vor dem Servieren in etwa 5 x 6 cm große Rechtecke schneiden.

Peanut Butter & Chocolate Squares

Erdnußcreme-Schokoladen-Happen

ofenfrisch am besten

- *Ergibt ca. 16 Stück*
- *Zubereitung: ca. 55 Min.*
- *ca. 280 kcal pro Stück*

ZUTATEN

Für den Teig
210 g Mehl
1 TL Natron
110 g Butter
210 g Zucker
130 g Erdnußcreme
2 TL Zuckerrübensirup
2 Eier
2 EL Milch
1 P. Bourbon-Vanillezucker
50 g gehackte, ungesalzene Erdnüsse

Für die Glasur
200 g Zartbitterschokolade

Außerdem
Butter für die Form

1. Das Mehl in eine Schüssel sieben. Das Natron dazugeben und alles gründlich miteinander vermischen.

2. Die Butter in einem geeignetem Gefäß in der Mikrowelle oder auf dem Herd bei kleiner Hitze zerlassen. Sie gegebenenfalls vom Herd nehmen und etwas abkühlen lassen.

3. Den Ofen auf 180 °C vorheizen. Eine quadratische Kuchenform (20 x 20 cm) mit Butter ausfetten.

4. Die zerlassene Butter zusammen mit Zucker, Erdnußcreme und Zuckerrübensirup in einer großen Schüssel gründlich verrühren. Nacheinander die Eier, Milch und Vanillezucker dazugeben und alles gut unterrühren.

5. Die Mehlmischung nach und nach zu der Butter-Erdnuß-Mischung geben und das Ganze so lange rühren, bis das Mehl ganz untergearbeitet und ein glatter Teig entstanden ist. Dann die Erdnüsse zum Teig geben und mit einem großen Löffel unterheben.

6. Den Rührteig in die Kuchenform geben, gleichmäßig verteilen und auf der mittleren Schiene 30 bis 35 Minuten backen. Inzwischen für die Glasur die Schokolade zerkleinern.

7. Den fertig gebackenen Kuchen aus dem Ofen nehmen und ihn sofort mit den Schokoladenstückchen bestreuen. Den Kuchen abdecken, damit die Schokolade schmilzt. Die geschmolzene Schokolade mit der Breitseite einer Messerklinge gleichmäßig auf dem Kuchen verteilen und diesen abkühlen lassen. Den Kuchen vor dem Servieren in etwa 5 x 5 cm große Quadrate schneiden.

BAKER'S TIP

- ***Für ausgesprochene Erdnußfans können sie die Squares zusätzlich mit Erdnüssen bestücken. Streuen Sie die Nüsse auf die geschmolzene Schokolade und lassen dann alles abkühlen.***

Country Apple Squares

Apfelhappen

knusprig

- *Ergibt ca. 9 Stück*
- *Zubereitung: ca. 50 Min.*
- *ca. 190 kcal pro Stück*

ZUTATEN

Für den Teig
60 g Butter
5 EL Zucker
1 EL Zuckerrübensirup
1/4 TL Salz
110 g Mehl
75 g zarte Haferflocken

Für die Apfelfüllung
400 g säuerliche Äpfel (z. B. Granny Smith)
120 ml Apfelsaft
2 EL Zitronensaft
1 TL Zimtpulver
1/4 TL Salz
2 TL Speisestärke

Außerdem
Butter für die Form

1. Den Ofen auf 200 °C vorheizen. Eine quadratische Kuchenform (20 x 20 cm) mit Butter ausfetten.

2. Für den Teig die Butter in einer Schüssel cremig rühren. Zucker, Sirup und etwas Salz unterrühren. Das Mehl dazusieben und unterrühren. Zuletzt die Haferflocken hinzufügen und das Ganze zu einem krümeligen Teig verarbeiten. 2/3 davon gleichmäßig in der Form verteilen und dabei andrücken. Den Teig auf der mittleren Schiene etwa 12 Minuten backen, bis er leicht gebräunt ist. Ihn dann aus dem Ofen herausnehmen.

3. Inzwischen die Äpfel schälen, putzen und kleinschneiden. Die Apfelstücke zusammen mit Apfelsaft, Zitronensaft, Zimtpulver und etwas Salz in einen Topf geben. Das Ganze etwa 5 Minuten offen kochen und anschließend vom Herd nehmen. Die Äpfel mit einem Schaumlöffel aus dem Sud heben und auf einen tiefen Teller geben. Etwa 6 Eßlöffel des Suds in einem Topf zusammen mit der Speisestärke vermischen und bei mittlerer Hitze so lange erhitzen, bis die Mischung anfängt, dick zu werden. Das Ganze über die Äpfel geben und alles miteinander verrühren.

4. Die Apfelmischung auf dem Kuchenboden verteilen. Den restlichen Teig darüber geben und den Kuchen auf der mittleren Schiene in etwa 20 Minuten goldgelb backen. Ihn in der Form gut abkühlen lassen, dann im Kühlschrank kalt stellen und vor dem Servieren in etwa 6 x 6 cm große Quadrate schneiden.

(auf dem Foto)

BAKER'S TIPS

- ***Die Apfelhappen schmecken am besten, wenn sie 1 Tag im Kühlschrank durchgezogen haben und zimmerwarm serviert werden. Nehmen Sie sie also bereits einige Zeit vor dem Servieren aus dem Kühlschrank.***
- ***Sie können die Apfelhappen auch in der Mikrowelle aufwärmen und zusammen mit Vanilleeis oder Sahne reichen.***

Apricot Oatmeal Bars

Aprikosen-Haferflocken-Riegel

fruchtig

- *Ergibt ca. 16 Stück*
- *Zubereitung: ca. 50 Min.*
- *ca. 280 kcal pro Stück*

ZUTATEN

280 g Mehl
150 g zarte Haferflocken
1 TL Backpulver
1/4 TL Salz
180 g Butter
160 g Zucker
2 TL Zuckerrübensirup
1 TL Bourbon-Vanillezucker
400 g Aprikosenmarmelade
1 TL Zitronensaft

1. Das Mehl in eine Schüssel sieben. Haferflocken, Backpulver und Salz dazugeben, alles mit einem Schneebesen vermischen.

2. Den Ofen auf 190 °C vorheizen. Eine rechteckige Kuchenform (20 x 30 cm) mit Butter ausfetten.

3. Die restliche Butter in einer Schüssel cremig rühren. Den Zucker einrieseln lassen und mit der Butter schaumig schlagen. Den Zuckerrübensirup und zuletzt den Vanillezucker hinzufügen und alles miteinander verrühren. Die Mehlmischung nach und nach dazugeben und das Ganze zu einen Teig verarbeiten. 2/3 des Teigs in der Form gleichmäßig verteilen, ihn dabei andrücken.

4. Die Marmelade und den Zitronensaft miteinander vermischen und das Ganze auf dem Kuchenboden verteilen. Den restlichen Teig darübergeben und den Kuchen auf mittlerer Schiene in etwa 25 Minuten backen, bis er leicht gebräunt ist. Ihn dann herausnehmen, abkühlen lassen und vor dem Servieren in etwa 7 x 5 cm große Rechtecke schneiden.

Lemon Squares

Zitronenhäppchen

einfach

- *Ergibt ca. 16 Stück*
- *Zubereitung: ca. 1 Std.*
- *ca. 130 kcal pro Stück*

ZUTATEN

Für den Teig
140 g Mehl
30 g Puderzucker
110 g weiche Butter

Für den Belag
2 Eier
100 g Zucker
1 P. Citroback
60 ml Zitronensaft
2 EL Mehl
1/2 TL Backpulver
1/4 TL Salz

Außerdem
Butter für die Form
Puderzucker zum Bestreuen

1. Den Ofen auf 180 °C vorheizen. Eine quadratische Kuchenform (20 x 20 cm) mit Butter ausfetten.

2. Das Mehl zusammen mit dem Puderzucker in eine Schüssel sieben und alles miteinander vermischen.

3. Die Butter in kleinen Stücken zur Zucker-Mehl-Mischung geben und das Ganze zu einem Teig verkneten. Diesen in der Kuchenform gleichmäßig verteilen und ihn dabei fest andrücken.

4. Den Teig auf der mittleren Schiene etwa 15 Minuten backen. Ihn dann herausnehmen und die Temperatur auf 150 °C reduzieren.

5. Für den Belag die Eier in einer großen Schüssel verquirlen. Zucker, Citroback und Zitronensaft dazugeben und alles schaumig schlagen.

6. Mehl und Backpulver in die Zitronenmischung sieben und das Ganze zusammen mit etwas Salz langsam und gründlich zu einer glatten Creme verrühren. Die Zitronencreme auf den Kuchenboden geben und gleichmäßig verteilen.

7. Den Zitronenkuchen auf der mittleren Schiene in 25 Minuten backen, bis er leicht gebräunt ist. Den Kuchen abkühlen lassen. Ihn vor dem Servieren mit gesiebtem Puderzucker bestreuen und in etwa 5 x 5 cm große Quadrate schneiden.

BAKER'S TIPS

- ***Die Zitronenhäppchen schmecken noch besser, wenn Sie anstelle von Fertigware frisch gepreßten Zitronensaft verwenden.***
- ***Bieten Sie die gekühlten Zitronenhäppchen als köstliche Sommererfrischung an.***

Country Coffee Cake

Kaffeekuchen „countrystyle"

rustikal

- *Ergibt 12 Stücke*
- *Zubereitung: ca. 1 1/4 Std.*
- *ca. 520 kcal pro Stück*

ZUTATEN

Für den Teig
100 g Walnußkerne
40 g Rohrzucker
1 1/2 TL Zimtpulver
280 g Mehl
1 EL Backpulver
1/4 TL Salz
220 g weiche Butter
420 g Zucker
2 Eier
1 P. Citroback
250 g saure Sahne
2 P. Bourbon-Vanillezucker

Für die Glasur
40 g Puderzucker
1-2 TL Milch

Außerdem
Butter und Mehl für die Form

1. Die Walnüsse fein hacken. Sie zusammen mit dem Rohrzucker und dem Zimtpulver in eine Schüssel geben und das Ganze gut vermengen.

2. Das Mehl in eine Schüssel sieben. Backpulver und Salz dazugeben und alles gründlich miteinander vermischen.

3. Den Ofen auf 180 °C vorheizen. Eine Springform (26 cm ø) mit Butter ausfetten und mit Mehl ausstäuben.

4. Die Butter in eine große Schüssel geben und geschmeidig rühren. Den Zucker einrieseln lassen und mit der Butter schaumig schlagen. Nacheinander die Eier dazugeben, sie jeweils einzeln gut unterrühren. Citroback, saure Sahne und zuletzt den Vanillezucker hinzufügen und alles miteinander verrühren.

5. Die Mehlmischung nach und nach zu der Buttermischung geben und das Ganze so lange verrühren, bis das Mehl ganz untergearbeitet und ein glatter Teig entstanden ist.

6. Zuerst die Hälfte des Teigs in die Springform geben, dann die Hälfte der Walnußmischung darauf gleichmäßig verteilen. Den restlichen Teig und die übrige Walnußmischung auf dieselbe Weise darüberschichten.

7. Den Kuchen auf der mittleren Schiene in etwa 50 Minuten backen. Ihn danach zuerst in der Form etwa 10 Minuten abkühlen lassen, dann aus der Form nehmen und auf einem Gitterrost nochmals etwa 30 Minuten abkühlen lassen.

8. Inzwischen für die Glasur den Puderzucker in ein Schüsselchen sieben und mit der Milch zu einer Creme verschlagen. Den Kuchen damit bestreichen und servieren, sobald die Glasur getrocknet ist.

BAKER'S TIP

- *Je behutsamer Sie die Mehlmischung zum Teig geben, desto zarter wird der Kuchen.*

TEXAS

Apple Walnut Cake

Apfel-Walnuß-Kuchen

herbstlich

- *Ergibt 12 Stücke*
- *Zubereitung: ca. 2 Std.*
- *ca. 560 kcal pro Stück*

ZUTATEN

Für den Teig
420 g Mehl
1 TL Natron
1/2 TL Backpulver
1 1/2 TL Zimtpulver
1/2 TL geriebene Muskatnuß
1 TL Salz
2 mittelgroße, säuerliche Äpfel (z. B. Granny Smith)
3 Eier
240 ml Pflanzenöl
400 g Zucker
1 P. Bourbon-Vanillezucker
100 g gehackte Walnußkerne

Für die Glasur
110 g Puderzucker
2 EL Milch

Außerdem
Butter und Mehl für die Form

1. Das Mehl in eine Schüssel sieben. Natron, Backpulver, Zimtpulver, Muskatnuß sowie Salz dazugeben und alle Zutaten gründlich mit einem Schneebesen vermischen.

2. Die Äpfel schälen und die Kerngehäuse entfernen. Das Fruchtfleisch entweder in sehr kleine Stücke schneiden oder reiben.

3. Den Ofen auf 150 °C vorwärmen. Eine Bundform (24 cm ø) mit etwas Butter ausfetten und mit Mehl leicht ausstäuben.

4. Die Eier zusammen mit dem Pflanzenöl in eine große Schussel geben und alles miteinander verquirlen. Äpfel, Zucker sowie Vanillezucker dazugeben und das Ganze gründlich miteinander verrühren.

5. Nun 1/3 der Mehlmischung zur Apfelmischung geben und alles gründlich verrühren. Die Prozedur noch zweimal wiederholen, bis das gesamte Mehl in die Masse eingerührt ist. Zuletzt die Walnüsse unter den Teig heben.

6. Den Teig in die Form füllen und den Kuchen auf der mittleren Schiene ca. 1 1/2 Stunden backen. Ihn dann herausnehmen und abkühlen lassen.

7. Für die Glasur den Puderzucker in ein Schüsselchen sieben und mit der Milch vermischen. Den Kuchen damit bestreichen und servieren, sobald die Glasur getrocknet ist.

BAKER'S TIP

- *Der Kuchen sieht besonders dekorativ und festlich aus, wenn Sie auf die Glasur noch etwas Zimtzucker streuen.*

WALNÜSSE

Die stark ölhaltigen, aromatischen Steinfrüchte des Walnußbaums sind bei uns mit der Schale, als Kerne oder gemahlen erhältlich. In Amerika werden Walnüsse oder die sehr ähnlichen Butternüsse nicht nur zum Backen verwendet, sondern auch für viele Süßspeisen, zu Salaten oder zum Kochen – beispielsweise als Füllung für Truthähne.

Classic Chocolate Cake

Schokoladenkuchen

delikat

- *Ergibt 12 Stücke*
- *Zubereitung: ca. 50 Min.*
- *ca. 440 kcal pro Stück*

ZUTATEN

Für den Teig
280 g Mehl
2 TL Natron
3 EL Speisestärke
1/2 TL Salz
80 g Zartbitterschokolade
220 g weiche Butter
420 g Zucker
2 EL Zuckerrübensirup
2 P. Bourbon-Vanillezucker
3 Eier
120 ml Buttermilch

Für die Glasur
100 g Zartbitterschokolade

Außerdem
Butter und Mehl oder Kakaopulver für die Form

1. Das Mehl in eine Schüssel sieben. Natron, Speisestärke und Salz dazugeben und alles mit einem Schneebesen vermischen.

2. Schokolade und Butter zusammen bei kleiner Hitze unter ständigem Rühren schmelzen lassen. Sobald die Schokolade geschmolzen ist, die Mischung vom Herd nehmen und etwas abkühlen lassen.

3. Den Ofen auf 180 °C vorheizen. 2 Springformen (23 cm ø) mit Butter ausfetten und mit etwas Mehl oder Kakaopulver ausstäuben.

4. Die lauwarme Schokoladen-Butter-Mischung in eine Schüssel umfüllen. Den Zucker einrieseln lassen und mit der Butter schaumig schlagen. Den Zuckerrübensirup, den Vanillezucker und zuletzt nacheinander die Eier dazugeben, diese jeweils einzeln gut unterrühren.

5. Knapp 1/4 Liter Wasser aufkochen. Die Mehlmischung abwechselnd mit Buttermilch und heißem Wasser nach und nach zu der Schokoladen-Butter-Mischung geben und zu einem glatten Teig verrühren.

6. Den Teig gleichmäßig in die beiden Formen verteilen und auf der mittleren Schiene etwa 25 Minuten backen. Danach die Kuchenböden aus dem Ofen nehmen, etwas abkühlen lassen und noch warm auf einen Gitterrost legen.

7. Inzwischen für die Glasur die Schokolade in der Mikrowelle oder auf dem Herd bei kleiner Hitze schmelzen lassen. Dabei darauf achten, daß sie weder zu kochen beginnt noch anbrennt.

8. Etwa 1/3 der geschmolzenen Schokolade mit der Breitseite einer Messerklinge gleichmäßig auf 1 Kuchenboden verteilen, etwas abkühlen lassen und dann den anderen Boden vorsichtig darauf geben. Nun den gesamten Kuchen oben und an den Seiten mit der restlichen Glasur bestreichen und ihn vor dem Servieren abkühlen lassen.

Carrot Cake

Karottenkuchen

einfach

- *Ergibt 12 Stücke*
- *Zubereitung: ca. 1 Std.*
- *ca. 400 kcal pro Stück*

ZUTATEN

Für den Teig

140 g Mehl
1 TL Natron
1/2 TL Salz
2 TL Zimtpulver
50 g Walnußkerne
400 g Karotten
2 Eier
160 g Zucker
175 ml Pflanzenöl
1 P. Bourbon-Vanillezucker

Für den Belag

110 g Frischkäse (Doppelrahmstufe)
3-4 EL Butter
200 g Puderzucker
1 TL Vanillearoma

Außerdem

Butter für die Form

1. Das Mehl in eine Schüssel sieben. Natron, Salz und Zimtpulver dazugeben und alles gründlich mit einem Schneebesen vermischen.

2. Die Walnußkerne fein hacken. Die Karotten putzen, schälen, waschen, trockentupfen und mit einer Gemüsereibe raspeln.

3. Den Ofen auf 180 °C vorheizen. Eine Kuchenform (23 cm ø) mit Butter ausfetten.

4. Die Eier zusammen mit Zucker, Pflanzenöl und Vanillezucker in eine große Schüssel geben und das Ganze miteinander verrühren.

5. Die Mehlmischung nach und nach dazugeben und das Ganze zu einem glatten Teig verrühren. Anschließend die Walnüsse und die Karotten unter den Teig heben.

6. Den Rührteig in die Kuchenform füllen und auf der mittleren Schiene etwa 40 Minuten backen. Danach den Kuchen etwa 10 Minuten in der Form abkühlen lassen. Ihn dann aus der Form nehmen und auf einem Gitterrost ganz abkühlen lassen.

7. Inzwischen Frischkäse und Butter zimmerwarm werden lassen. Sie dann zusammen zu einer Creme verrühren. Den Puderzucker in die Creme sieben und zusammen mit Vanillearoma gründlich und gleichmäßig unterrühren. Den abgekühlten Kuchen mit der Glasur bestreichen.

BAKER'S TIPS

- ***Falls die Glasur zu steif wird, rühren Sie einfach etwas Milch unter.***
- ***Der Karottenkuchen kann problemlos im Kühlschrank aufbewahrt werden. Servieren Sie ihn jedoch immer zimmerwarm – so schmeckt er am besten.***
- ***Für besondere Anlässe können Sie den Kuchen dekorativ mit Zuckerkarotten garnieren.***
- ***Mit doppelter Zutatenmenge können Sie nach diesem Rezept eine doppelstöckige Torte zubereiten.***

Glazed Almond Pound Cake

Glasierter Mandel-Butter-Kuchen

nussig

- *Ergibt ca. 10 Stücke*
- *Zubereitung: ca. 45 Min.*
- *ca. 400 kcal pro Stück*

ZUTATEN

210 g Mehl
1/2 TL Natron
1/2 TL Backpulver
1/4 TL Salz
160 g Butter
160 g Zucker
3 Eier
1 TL Bourbon-Vanillezucker
1 1/2 TL Mandelaroma
140 g saure Sahne
140 g Puderzucker
50 g gehobelte Mandeln

1. Das Mehl in eine Schüssel sieben. Natron, Backpulver und Salz dazugeben und alles miteinander vermischen.

2. Den Ofen auf 180 °C vorheizen. Eine Kastenform (22 cm) mit Butter ausfetten.

3. Die restliche Butter zerlassen und in eine große Schüssel geben. Den Zucker einrieseln lassen und alles schaumig schlagen. Nacheinander die Eier dazugeben, sie jeweils einzeln gut unterrühren. Zuletzt den Vanillezucker und 1 Teelöffel Mandelaroma hinzufügen und alles gut verrühren.

4. Die Mehlmischung abwechselnd mit der Sahne nach und nach zur Butter-Zucker-Mischung geben und zu einem Teig verrühren. Diesen in die Form geben und auf der mittleren Schiene etwa 45 Minuten backen. Ihn herausnehmen und abkühlen lassen.

5. Den Puderzucker in eine Schüssel sieben und zusammen mit dem restlichen Mandelaroma, Mandeln sowie etwa 2 Eßlöffeln heißem Wasser zu einer Creme verrühren. Den abgekühlten Kuchen mit der Glasur bestreichen.

(auf dem Foto)

„I Love You" Cake
Liebeskuchen

für Verliebte

- *Ergibt 12 Stücke*
- *Zubereitung: ca. 50 Min.*
- *ca. 270 kcal pro Stück*

ZUTATEN

Für den Teig
170 g Mehl
2 EL Kakaopulver
1/2 TL Natron
1/4 TL Salz
110 g weiche Butter
160 g Zucker
2 Eier
1 P. Bourbon-Vanillezucker
120 ml Buttermilch
2 TL Essig

Für die Glasur
30 g weiche Butter
170 g Puderzucker
1 Prise Salz
1 TL Vanillearoma
2 EL Milch

Außerdem
Butter und Kakaopulver für die Form

1. Das Mehl in eine Schüssel sieben. Kakaopulver, Natron und Salz dazugeben und alles mit einem Schneebesen vermischen.

2. Den Ofen auf 180 °C vorheizen. Eine Herzform (22 cm ø) mit Butter ausfetten und mit etwas Kakaopulver ausstäuben.

3. Die Butter in eine große Schüssel geben und cremig rühren. Den Zucker einrieseln lassen und mit der Butter schaumig schlagen. Nacheinander die Eier dazugeben, sie jeweils einzeln gut unterrühren. Vanillezucker, Buttermilch und Essig hinzufügen und alles gut miteinander verrühren.

4. Die Mehlmischung nach und nach zur Buttermischung geben und das Ganze zu einem glatten Teig verrühren. Diesen in die Form geben und auf der mittleren Schiene etwa 30 Minuten backen. Den Kuchen zuerst etwa 10 Minuten in der Form, dann auf einem Gitterrost abkühlen lassen.

5. Für die Glasur die Butter in einer mittelgroßen Schüssel cremig rühren. Den Puderzucker dazusieben und unterrühren, danach etwas Salz, Vanillearoma und Milch hinzufügen. Das Ganze zu einer glatten Creme verrühren. Den abgekühlten Kuchen mit der Glasur bestreichen und diese trocknen lassen.

BAKER'S TIP

- ***Dekorieren Sie den Kuchen phantasievoll mit Blumen oder bunten Zuckerstreuseln.***

NATRON

Das Backtriebmittel Natron (Natriumhydrogenkarbonat) gibt beim Backen Kohlendioxid ab und bewirkt so das „Aufgehen" des Teigs. Damit es seine Wirkung voll entfalten kann, muß eine säurehaltige Substanz im Teig vorhanden sein, mit der es eine chemische Reaktion eingehen kann – z. B. Buttermilch, Zuckerrübensirup oder Zitronensäure. Natron sollte immer frisch verwendet werden.

Strawberries & Cream Cake

Erdbeercremekuchen

fruchtig

- *Ergibt 12 Stücke*
- *Zubereitung: ca. 1 Std.*
- *ca. 560 kcal pro Stück*

ZUTATEN

Für den Teig
280 g Mehl
270 g Zucker
1 EL Backpulver
1/2 TL Salz
120 g Butter
2 P. Bourbon-Vanillezucker
120 g süße Sahne
3 Eiweiß
350 g Erdbeermarmelade
7 große, frische Erdbeeren

Für die Käsecreme
60 g weiche Butter
90 g Frischkäse (Doppelrahmstufe)
1 TL Vanillearoma
410 g Puderzucker
1 EL Speisestärke
60 g Schlagsahne

Außerdem
Butter für die Form

1. Das Mehl in eine Schüssel sieben. Zucker, Backpulver und Salz dazugeben und alles miteinander vermischen.

2. Den Ofen auf 180 °C vorwärmen. 2 Springformen (24 cm ø) jeweils am Rand sorgfältig mit Butter ausfetten und die Böden mit Backpapier auslegen.

3. Die Butter zerlassen und in eine Schüssel geben. Die Mehlmischung, Vanillezucker, Sahne sowie 100 ml Wasser nach und nach dazugeben und das Ganze zu einem Teig verarbeiten. Zuletzt das Eiweiß zum Teig geben und alles nochmals gründlich miteinander verrühren.

4. Den Rührteig zu gleichen Teilen in die 2 Formen geben und gleichmäßig verteilen. Das Ganze auf der mittleren Schiene etwa 25 Minuten backen. Danach die Kuchenböden aus dem Ofen nehmen. Sie zuerst etwa 15 Minuten in der Form, dann weiter auf einem Gitterrost abkühlen lassen. Inzwischen für den Aufstrich den Frischkäse zimmerwarm werden lassen.

5. Die Kuchen horizontal durchschneiden und jeweils die untere Hälfte mit 175 g Erdbeermarmelade bestreichen. Danach die oberen Kuchenhälften wieder vorsichtig auflegen.

6. Für den Aufstrich die Butter zusammen mit dem Frischkäse und dem Vanillearoma in eine Schüssel geben und das Ganze glatt verrühren. Den Puderzucker sieben und mit der Speisestärke gut vermengen. Die Zuckermischung zusammen mit der Sahne zur Butter-Käse-Mischung geben und alles zu einer Creme verrühren.

7. Nun zuerst die Oberseite eines Kuchens mit knapp 1/3 der Creme gleichmäßig bestreichen. Danach den anderen Kuchen vorsichtig daraufsetzen und die Oberseite und alle anderen Seiten des Kuchens bestreichen. Zuletzt die Erdbeeren putzen, waschen, trockentupfen und halbieren. Den Kuchen damit dekorieren.

New York Style Cheesecake

Käsekuchen

klassisch

- *Ergibt 12 Stücke*
- *Zubereitung: ca. 1 Std. (plus ca. 6 1/2 Std. Kühlzeit)*
- *ca. 460 kcal pro Stück*

ZUTATEN

Für den Teig

14 Vollkornkekse (ca. 100 g)
70 g Mehl
50 g Puderzucker
90 g weiche Butter

Für den Belag

670 g Frischkäse (Doppelrahmstufe)
160 g Zucker
220 g saure Sahne
2 EL Saft von 1 Zitrone
2 P. Bourbon-Vanillezucker
3 Eier

Außerdem

Butter für die Form

1. Für den Teig die Vollkornkekse reiben oder mit einer Küchenmaschine fein zerkleinern. Das Mehl und den Puderzucker dazusieben und das Ganze zusammen mit der Butter zu einer Teigmasse verarbeiten.

2. Eine Springform (24 cm ø) mit Butter ausfetten und die Teigmasse darin verteilen. Sie dabei gut andrücken. Das Ganze etwa 30 Minuten im Kühlschrank kalt stellen.

3. Kurz vor Ende der Kühlzeit den Ofen auf 150 °C vorheizen. Für den Belag den Frischkäse zusammen mit dem Zucker in eine große Schüssel geben und das Ganze miteinander verschlagen. Saure Sahne, Zitronensaft und Vanillezucker hinzufügen und alles miteinander verrühren. Zuletzt nacheinander die Eier einschlagen und diese jeweils einzeln gut unterrühren.

4. Die Käsemischung auf dem gekühlten Kuchenboden verteilen und das Ganze auf der mittleren Schiene etwa 45 Minuten backen. Danach den Ofen ausschalten und den Kuchen noch etwa 2 Stunden im geschlossenen Ofen stehen lassen. Dann den abgekühlten Kuchen noch mindestens 4 Stunden im Kühlschrank kalt stellen.

(auf dem Foto)

BAKER'S TIP

Zu diesem Kuchen paßt besonders gut eine selbstgemachte Erdbeersauce (Simple Strawberry Sauce) aus 600 g frischen, geputzten Erdbeeren. Geben Sie dazu 300 g Erdbeeren in eine Schüssel. Verrühren Sie dann in einer kleinen Schüssel 3 Eßlöffel Speisestärke mit 4 Eßlöffeln kaltem Wasser. Geben Sie nun 300 g Erdbeeren zusammen mit 210 g Zucker in eine Pfanne und bringen das Ganze bei mittlerer Hitze zum Kochen. Rühren Sie dann die Speisestärke unter und lassen die Erdbeeren noch etwa 2 Minuten unter ständigem Rühren köcheln. Gießen Sie die heiße Sauce über die restlichen Erdbeeren, und rühren Sie anschließend 1 Eßlöffel Zitronensaft langsam unter.

Angel Food Cake

Engelkuchen

locker

- *Ergibt 12 Stücke*
- *Zubereitung: ca. 1 Std. (plus ca. 1 1/2 Std. Zeit zum Abkühlen)*
- *ca. 140 kcal pro Stück*

ZUTATEN

140 g Mehl
270 g Zucker
12 zimmerwarme Eiweiß
1/2 TL Salz
1 TL Weinstein
2 P. Bourbon-Vanillezucker

1. Das Mehl in eine Schüssel sieben. 60 g Zucker dazugeben und alles gründlich miteinander vermischen. Den Ofen auf 180 °C vorheizen.

2. Die Eiweiße in eine Schüssel geben und schaumig schlagen. Salz und Weinstein sowie 2 Teelöffel Wasser dazugeben und die Eiweiße zu steifem Schnee schlagen. Den Vanillezucker sowie die restlichen 210 g Zucker löffelweise nach und nach unter den Eischnee schlagen. Die Eiweißmischung anschließend so lange schlagen, bis eine schnittfeste, sahnig-glänzende Masse entstanden ist.

3. Etwa 1/3 der Mehlmischung zu der Eiweißmasse sieben und vorsichtig unterheben. Auf diese Weise die ganze Mehlmischung unterarbeiten. Den Teig in eine Angel-Food-Form (Savarinform mit 24 cm ø) geben, in der Mitte einschneiden, um Hitzeblasen zu vermeiden.

4. Den Kuchen auf der mittleren Schiene in 40 bis 45 Minuten goldgelb backen. Ihn dann in der Form auf einen Gitterrost stürzen und etwa 1 1/2 Stunden abkühlen lassen, dabei Zugluft vermeiden.

Coconut Dream Cake

Kokosnußkuchen

pfiffig

- *Ergibt 12 Stücke*
- *Zubereitung: ca. 50 Min.*
- *ca. 440 kcal pro Stück*

ZUTATEN

Für die Streusel

1 EL Zucker
1/2 TL Citroback
1 EL gehackte Mandeln
1 EL Kokosraspel

Für den Teig

280 g Mehl
2 TL Backpulver
1/2 TL Natron
1/4 TL Salz
110 g Butter
3 Eier
320 g Zucker
180 ml Buttermilch
1 P. Bourbon-Vanillezucker

Für die Glasur

2 EL Puderzucker
470 g süße Sahne
30 g Kokosraspel

Außerdem

Butter und Mehl für die Form

1. Für die Streusel Zucker, Citroback, gehackte Mandeln und Kokosraspel in eine kleine Schüssel geben und das Ganze mit einer Gabel gründlich vermischen.

2. Für den Teig das Mehl in eine Schüssel sieben. Backpulver, Natron und Salz dazugeben und alles gründlich miteinander vermischen.

3. Den Ofen auf 180 °C vorheizen. Eine Springform (26 cm ø) mit Butter ausfetten und mit etwas Mehl ausstäuben.

4. Die Butter zerlassen. Die Eier in eine große Schüssel schlagen und gut miteinander verquirlen. Den Zucker unter ständigem Rühren einrieseln lassen und das Ganze schaumig schlagen. Die Butter, Buttermilch und Vanillezucker dazugeben und das Ganze gut miteinander verrühren.

5. Die Mehlmischung nach und nach zu der Buttermischung geben und das Ganze so lange verrühren, bis das Mehl ganz untergearbeitet und ein glatter Teig entstanden ist.

6. Den Teig in die Form geben und die als Streusel vorbereitete Kokosmasse darüberkrümeln. Das Ganze auf der mittleren Schiene etwa 30 Minuten backen. Danach den Kuchen aus dem Ofen nehmen und abkühlen lassen.

7. Für die Glasur den Puderzucker in ein Schüsselchen sieben. Die Sahne dazugeben und alles zu einer leichten, cremigen Masse schlagen. Den Kuchen damit bestreichen, zum Schluß die Kokosraspel darüberstreuen.

BAKER'S TIP

- ***Servieren Sie zu diesem „Kokostraum" frisches Obst, beispielsweise Beeren.***

Classic Butter Cake with Vanilla Frosting

Vanillebutterkuchen

für Geburtstagskinder

- *Ergibt 12 Stücke*
- *Zubereitung: ca. 50 Min.*
- *ca. 620 kcal pro Stück*

ZUTATEN

Für den Teig

280 g Mehl
1/2 TL Natron
1/2 TL Backpulver
1/2 TL Salz
250 g Butter
270 g Zucker
4 Eigelb
1 Ei
2 P. Bourbon-Vanillezucker
180 g saure Sahne

Für die Glasur

110 g weiche Butter
450 g Puderzucker
1/4 TL Salz
2 TL Vanillearoma
5-6 EL Milch

Außerdem

Butter und Mehl für die Formen

1. Das Mehl in eine Schüssel sieben. Natron, Backpulver und Salz dazugeben und alles mit einem Schneebesen vermischen.

2. Den Ofen auf 180 °C vorheizen. 2 Springformen (23 cm ø) mit Butter ausfetten, die Böden jeweils mit Backpapier auslegen. Das Backpapier ebenfalls einfetten und mit Mehl bestäuben.

3. Die Butter zerlassen und in eine Schüssel geben. Den Zucker einrieseln lassen und das Ganze schaumig schlagen. Nacheinander die Eigelbe und dann das Ei dazugeben, sie jeweils einzeln gut unterrühren. Den Vanillezucker dazugeben und alles miteinander verrühren.

4. Die Mehlmischung abwechselnd mit der sauren Sahne nach und nach zu der Buttermischung geben und das Ganze zu einem glatten Teig verrühren. Diesen in die 2 Formen verteilen und auf der mittleren Schiene 20 bis 25 Minuten backen.

5. Danach die Kuchen abkühlen lassen, zuerst etwa 15 Minuten in den Formen, dann auf einem Gitterrost.

6. Für die Glasur die Butter in einer Schüssel cremig rühren. Den Puderzucker dazusieben und das Ganze zusammen mit Salz, Vanillearoma und Milch zu einer Creme verrühren. Nun zuerst die Oberseite eines Kuchens mit knapp 1/3 der Creme gleichmäßig bestreichen. Danach den anderen Kuchen vorsichtig daraufsetzen und die Oberseite und alle anderen Seiten des Kuchens bestreichen.

BAKER'S TIPS

- ***Wenn die Glasur zu steif wird, geben Sie einfach etwas mehr Milch dazu. Zu flüssige Glasur wird durch die Zugabe von Puderzucker wieder cremiger.***
- ***Dekorieren Sie diesen tollen Geburtstagskuchen phantasievoll, beispielsweise mit Marzipanfiguren, Zuckerherzen oder Schokoladenraspel.***

MUTT
BRAND

Lemon Blueberry Bread

Zitronen-Blaubeer-Brot

außergewöhnlich

- *Ergibt 1 Brot*
- *Zubereitung: ca. 1. Std.*
- *insgesamt ca. 1990 kcal*

ZUTATEN

130 g Blaubeeren
210 g Mehl
2 TL Backpulver
1/2 TL Salz
80 g Butter
110 g Zucker
1 P. Citroback
2 Eier

Außerdem
Butter und Mehl für die Form

1. Den Ofen auf 180 °C vorheizen. Eine Kastenform (22 cm lang) mit Butter ausfetten und mit Mehl ausstäuben. Die Blaubeeren waschen und abtropfen lassen.

2. Das Mehl in eine Schüssel sieben. Backpulver und Salz dazugeben und alles gründlich miteinander vermischen.

3. Die Butter in eine Schüssel geben und cremig rühren. Unter ständigem Rühren den Zucker einrieseln lassen, das Citroback dazugeben und alles schaumig schlagen. Nacheinander die Eier dazugeben, sie jeweils einzeln gut unterrühren.

4. Die Mehlmischung nach und nach zu der Buttermischung geben. Das Ganze langsam verrühren, bis das Mehl untergearbeitet ist.

5. Den Teig in die Form füllen und ihn auf der Oberseite mit einem Messer 3 bis 4 cm tief wellenförmig einschneiden. Dann die Blaubeeren auf dem Teig und in den Einschnitt verteilen. Das Zitronen-Blaubeer-Brot auf der mittleren Schiene in etwa 45 Minuten backen.

BAKER'S TIPS

- *Anstelle von frischen Blaubeeren können Sie gegebenenfalls auch die gleiche Menge TK-Ware verwenden. Die Beeren vorher auftauen.*
- *Variieren Sie das Rezept, indem Sie das Brot nach Belieben auch mit andern Beerensorten (z. B. Brombeeren) zubereiten.*

BLAUBEEREN

Die auch Heidelbeeren genannten Früchte sind im Sommer frisch erhältlich, als Tiefkühlware ganzjährig. Achten Sie beim Einkauf darauf, daß die Beeren fest sind und keine Druck- und Faulstellen aufweisen. Zudem sollte man sie in kleinen Schälchen aufbewahren, damit sie nicht zerdrückt werden. Tiefgekühlte Blaubeeren sollten nur leicht angetaut weiterverwendet werden. Dadurch vermeidet man, daß sie beim Auftauen ihren Fruchtsaft abgeben. Über die Beeren gestreutes Mehl verhindert, daß sich der Teig durch den Fruchtsaft blau färbt.

Lemon Poppy Seed Bread

Zitronen-Mohn-Brot

aromatisch

- *Ergibt 1 Brot*
- *Zubereitung: ca. 1 1/4 Std.*
- *insgesamt ca. 3810 kcal*

ZUTATEN

280 g Mehl
60 g Mohn
1/2 TL Backpulver
1 TL Natron
1/4 TL Salz
110 g Butter
210 g Zucker
1 P. Citroback
2 Eier
1 P. Bourbon Vanillezucker
250 g saure Sahne

Außerdem

Butter für die Form

1. Den Ofen auf 180 °C vorheizen. Eine Kastenform (etwa 22 cm lang) mit Butter ausfetten.

2. Das Mehl in eine Schüssel sieben. 50 g Mohn, Backpulver, Natron und Salz dazugeben und alles gründlich miteinander vermischen.

3. Die Butter zerlassen und in eine große Schüssel geben. Sie zusammen mit dem Zucker und dem Citroback schaumig schlagen. Nacheinander die Eier dazugeben, sie jeweils einzeln gut unterrühren. Zuletzt den Vanillezucker dazugeben und alles gründlich verrühren.

4. Die Mehlmischung abwechselnd mit der sauren Sahne nach und nach zu der Buttermischung geben und das Ganze langsam verrühren.

5. Den Teig in die Form füllen und die restlichen 10 g Mohn darauf streuen. Das Mohnbrot auf der mittleren Schiene etwa 55 Minuten backen.

BAKER'S TIP

- *Besonders lecker schmeckt dieses Quick Bread mit einer Glasur aus 110 g Puderzucker und 2 Eßlöffeln Milch.*

MOHN

Die eßbaren, blaugrauen Samen des Schlafmohns sind bei uns als Körner oder gemahlen erhältlich. In Amerika findet Mohn nicht nur in Backrezepten, sondern auch beim Kochen oder in Joghurt, Pudding oder Eiscreme Verwendung. Der typische Geschmack des Mohns wird noch intensiviert, wenn man ihn ohne Fettzugabe in einer Pfanne braun röstet und anschließend fein mahlt. Frischer Mohn kann in einem luftdichten Behälter bis zu sechs Monate aufbewahrt werden.

Pumpkin Bread
Kürbisbrot

herbstlich

- *Ergibt 1 Brot oder 4 Minibrote*
- *Zubereitung: ca. 1 1/4 Std.*
- *insgesamt ca. 2880 kcal*

ZUTATEN

90 g weiche Butter
250 g Mehl
1 TL Natron
1/4 TL Backpulver
1/2 TL Salz
1/4 TL gemahlene Nelken
1/2 TL Zimtpulver
400 g Kürbis
270 g Zucker
2 Eier
80 ml Milch

1. Den Ofen auf 170 °C vorheizen. Eine Kastenform (23 x 13 cm) mit Butter ausfetten.

2. Das Mehl in eine Schüssel sieben. Natron, Backpulver, Salz, Nelken und Zimtpulver dazugeben und alles gründlich mit einem Schneebesen vermischen.

3. Den Kürbis schälen, entkernen und von den bitteren Fäden befreien. Das Kürbisfleisch kleinschneiden. Die Kürbisstücke in kochendem Wasser etwa 5 Minuten garen und danach abgießen.

4. Die restliche Butter und den Zucker in einer großen Schüssel schaumig schlagen. Eier, Kürbisstücke und Milch dazugeben und alles miteinander verrühren. Nach und nach die Mehlmischung dazugeben und langsam unterrühren. Den Teig in die Form füllen und das Kürbisbrot auf der mittleren Schiene in etwa 1 Stunde backen.

(auf dem Foto)

BAKER'S TIPS

- ***Für Nußliebhaber können Sie noch zusätzlich 100 g gemahlene Walnüsse in den Teig rühren.***
- ***Reichen Sie Käsefans zu diesem leckeren Brot am besten Frischkäse.***

Applesauce Bread with Maple Frosting

Apfelmus-Brot mit Ahornsirup-Glasur

ausgefallen

- *Ergibt 1 Brot*
- *Zubereitung: ca. 1 1/4 Std.*
- *insgesamt ca. 4290 kcal*

ZUTATEN

Für den Teig

280 g Mehl
1 TL Natron
1 TL Backpulver
1/2 TL Salz
1 TL Zimtpulver
1/4 TL geriebene Muskatnuß
60 g Butter
240 g Apfelmus
210 g Zucker
2 Eier
3 EL Milch
100 g gehackte Walnußkerne

Für die Glasur

1 EL weiche Butter
220 g Puderzucker
1/4 TL Salz
1/2 TL Vanillearoma
1 EL Milch
2 EL Ahornsirup

Außerdem

Butter und Mehl für die Form

1. Den Ofen auf 180 °C vorheizen. Eine Kastenform (etwa 23 cm lang) mit Butter ausfetten und mit etwas Mehl ausstäuben.

2. Das Mehl in eine Schüssel sieben. Natron, Backpulver, Salz, Zimtpulver und Muskatnuß dazugeben und alles miteinander vermischen.

3. Die Butter zerlassen und in eine große Schüssel geben. Apfelmus, Zucker, Eier und Milch hinzufügen und das Ganze gründlich miteinander verrühren.

4. Die Mehlmischung nach und nach zu der Butter-Apfelmus-Mischung geben und das Ganze langsam verrühren. Zuletzt die Walnüsse unterheben.

5. Den Teig in die Form füllen und das Apfelmus-Brot auf der mittleren Schiene in etwa 55 Minuten backen. Es danach aus dem Ofen nehmen und abkühlen lassen.

6. Für die Glasur die Butter cremig rühren. Den Puderzucker dazusieben und das Ganze zusammen mit Salz, Vanillearoma, Milch und Ahornsirup zu einer Creme verrühren. Das abgekühlte Brot mit der Glasur bestreichen.

BAKER'S TIP

- ***Sie können zusätzlich gehackte Walnüsse oder eine Zimt-Zucker-Mischung auf die noch nicht feste Glasur streuen.***

AHORNSIRUP

Der eingedickte Saft des Zuckerahorns kann in vielen Rezepten anstelle von Honig verwendet werden. Zur Gewinnung von Ahornsirup wird der süße Nährsaft von den Bäumen abgezapft und durch wiederholtes Aufkochen zu Sirup eingedickt. Die besten Sorten kommen aus Kanada und den nordöstlichen USA. Hochwertiger Ahornsirup hat eine helle Farbe und kann im Kühlschrank bis zu ein Jahr aufbewahrt werden, sollte jedoch zimmerwarm serviert oder weiterverarbeitet werden.

Apricot-Almond Bread
Aprikosen-Mandel-Brot

knusprig

- *Ergibt 1 Brot*
- *Zubereitung: ca. 1 1/4 Std.*
- *insgesamt ca. 2720 kcal*

ZUTATEN

120 g getrocknete, ungeschwefelte Aprikosen
220 g Mehl
1 1/2 TL Backpulver
1/4 TL Salz
80 ml Pflanzenöl
2 Eier
110 g Zucker
1 P. Bourbon-Vanillezucker
60 g gehackte Mandeln

1. Die Aprikosen hacken, mit etwa 350 ml kochendem Wasser übergießen und etwa 20 Minuten ziehen lassen.

2. Inzwischen 210 g Mehl, Backpulver und Salz vermischen. Den Ofen auf 180 °C vorheizen. Eine Kastenform (22 cm) mit Öl ausfetten und Mehl ausstäuben.

3. Die Eier mit Öl, Zucker und Vanillezucker verrühren. Die Mehlmischung nach und nach unterarbeiten, Aprikosen und Mandeln unterheben.

4. Das Brot auf der mittleren Schiene in etwa 50 Minuten backen.

(auf dem Foto)

Apple Raisin Bread
Apfel-Rosinen-Brot

einfach

- *Ergibt 1 Brot*
- *Zubereitung: ca. 1 Std.*
- *insgesamt ca. 2560 kcal*

ZUTATEN

200 g säuerliche Äpfel
1 EL Butter
220 g Mehl
1 1/2 TL Backpulver
1/2 TL Salz
2 TL Zimtpulver
2 Eier
80 ml Pflanzenöl
160 g Zucker
80 g Rosinen

1. Die Äpfel schälen und die Kerngehäuse entfernen. Dann das Apfelfruchtfleisch sehr klein schneiden oder reiben.

2. Den Ofen auf 180 °C vorheizen. Eine Kastenform (22 cm lang) mit Butter ausfetten und mit etwas Mehl ausstäuben.

3. Von dem Mehl 210 g in eine Schüssel sieben. Backpulver, Salz und Zimtpulver dazugeben und alles gründlich miteinander vermischen.

4. Die Eier zusammen mit Öl und Zucker in eine große Schüssel geben und das Ganze gut verrühren. Die Mehlmischung nach und nach dazugeben und langsam verrühren. Zuletzt die Rosinen und Äpfel unterheben.

5. Den Teig in die Form füllen und das Brot auf der mittleren Schiene in etwa 45 Minuten backen.

Cinnamon Bread

Zimtbrot

aromatisch

- *Ergibt 1 Brot oder 4 Mini-Brote*
- *Zubereitung: ca. 1 Std.*
- *insgesamt ca. 2930 kcal*

ZUTATEN

1 EL Zimtpulver
3 EL Zucker
120 g weiche Butter
220 g Mehl
1/2 TL Backpulver
1 TL Natron
1/4 TL Salz
110 g Zucker
2 Eier
1 P. Bourbon-Vanillezucker
240 g saure Sahne

1. Zimtpulver und Zucker in einem Schüsselchen gründlich miteinander vermengen.

2. Den Ofen auf 180 °C vorheizen. Eine große Kastenform (23 cm lang) oder 4 Mini-Kastenformen mit 1 Eßlöffel Butter ausfetten und mit etwas Mehl ausstäuben.

3. Das restliche Mehl in eine Schüssel sieben. Backpulver, Natron und Salz dazugeben und alles gut miteinander vermischen.

4. Die übrige Butter in eine Schüssel geben und cremig rühren. Den Zucker einrieseln lassen und mit der Butter schaumig schlagen. Nacheinander die Eier sowie den Vanillezucker dazugeben.

5. Die Mehlmischung abwechselnd mit der sauren Sahne nach und nach zu der Buttermischung geben. Dabei das Mehl so lange verrühren, bis es ganz untergearbeitet ist.

6. Die Hälfte des Teigs in die Form füllen oder auf die 4 Mini-Formen verteilen. Ihn an der Oberseite in Form eines „S" etwa 3 bis 4 cm tief einschneiden. Den Zimtzucker auf dem Teig und in dem Einschnitt verteilen. Das Zimtbrot auf der mittleren Schiene in etwa 45 Minuten backen.

BAKER'S TIP

- *Rühren Sie für Nußliebhaber zusätzlich 100 g gemahlene Nüsse unter den Teig.*

ZIMT

Das bei uns vor allem zum Backen verwendete, köstliche Gewürz ist die getrocknete Rinde tropischer Bäume. Zimt ist bei uns in zwei Sorten sowie in Stangen- oder Pulverform im Handel erhältlich: Der in Deutschland häufigere Ceylon- oder Stangenzimt stammt vom Ceylonzimtbaum und schmeckt leicht süßlich, der etwas dunklere Kassiazimt ist kräftiger im Geschmack und wird von einem Zimtkassie genannten Baum gewonnen. Beide Arten sind gleich verwendbar.

Zucchini Bread
Zucchinibrot

ofenfrisch am besten

- *Ergibt 1 Brot*
- *Zubereitung: ca. 1 Std.*
- *insgesamt ca. 2430 kcal*

ZUTATEN

200 g Zucchini
1 EL Butter
220 g Mehl
1 1/2 TL Backpulver
1/2 TL Salz
2 TL Zimtpulver
2 Eier, 80 ml Pflanzenöl
110 g Zucker
1 P. Bourbon-Vanillezucker
50 g gehackte Haselnuß-kerne

1. Die Zucchini putzen, schälen und fein raspeln.

2. Den Ofen auf 180 °C vorheizen. Eine Kastenform (22 cm lang) mit Butter ausfetten und mit etwas Mehl ausstäuben.

3. Das restliche Mehl in eine Schüssel sieben. Backpulver, Salz und Zimtpulver dazugeben und alles gründlich miteinander vermischen.

4. Die Eier in eine große Schüssel schlagen. Pflanzenöl, Zucker sowie Vanillezucker dazugeben und das Ganze gut miteinander verrühren.

5. Die Mehlmischung nach und nach zu der Eier-Zucker-Mischung dazugeben und alles langsam verrühren. Die Zucchini zusammen mit den Haselnüssen unter den Teig heben. Diesen in die Form füllen und das Zucchinibrot auf der mittleren Schiene in etwa 45 Minuten backen.

(auf dem Foto)

Mocha Muffins

Mokkamuffins

dekorativ

- *Ergibt: 12 Stück*
- *Zubereitung: ca. 35 Min.*
- *ca. 280 kcal pro Stück*

ZUTATEN

280 g Mehl
160 g Zucker
2 TL Backpulver
1/2 Tasse Espresso- oder Kaffeepulver (löslich)
1 TL Zimtpulver
1/2 TL Salz
120 g Butter
2 Eier
240 ml Milch
1 P. Bourbon-Vanillezucker
100 g Schokoladenraspel

Außerdem
Butter für die Form

1. Den Ofen auf 200 °C vorheizen. Die 12 Vertiefungen eines Muffinblechs mit Butter ausfetten oder mit Papierförmchen auslegen.

2. Das Mehl in eine Schüssel sieben. Zucker, Backpulver, Espresso- oder Kaffeepulver, Zimtpulver und Salz dazugeben und alles gründlich mit einem Schneebesen vermischen.

3. Die Butter zerlassen und in eine große Schüssel geben. Eier, Milch und Vanillezucker hinzufügen und das Ganze gründlich verrühren.

4. Die Mehlmischung nach und nach zu der Buttermischung geben und das Ganze so lange verrühren, bis das Mehl ganz untergearbeitet ist. Zuletzt 50 g Schokoladenraspel unterheben.

5. Den Teig gleichmäßig in die Muffinformen verteilen und die restlichen 50 g Schokoladenraspel darauf streuen. Die Muffins auf der mittleren Schiene in etwa 20 Minuten goldbraun backen.

VANILLEZUCKER

Bourbon-Vanillezucker besteht aus Zucker und echter Bourbon-Vanille. Dieses für viele Süßspeisen unverzichtbare Gewürz wird aus der Kapselfrucht einer aus Mittelamerika beheimateten Orchideenart gewonnen. Der halbsynthetische Aromastoff Vanillin ist nicht ganz so aromatisch wie die echte, zumeist aus Madagaskar stammende Bourbon-Vanille. Handelsüblicher Vanillezucker wird aus weißem Zucker hergestellt, dem 5 % Vanille zugesetzt werden. Vanillinzucker hingegen besteht aus Vanillin, Vanillearoma und Zucker. Bourbon-Vanillezucker läßt sich ganz einfach selbst herstellen: Geben Sie zwei Vanilleschoten zusammen mit 500 g Zucker in einen luftdichten Behälter, und rühren Sie das Ganze alle 1 bis 2 Tage um. Nach etwa 2 Wochen ist das Aroma der Schoten auf den Zucker übergegangen.

Carrot Muffins

Karottenmuffins

einfach

- *Ergibt: 12 Stück*
- *Zubereitung: ca. 35 Min.*
- *ca. 230 kcal pro Stück*

ZUTATEN

175 g Karotten
280 g Mehl
110 g Zucker
2 TL Backpulver
2 TL Zimtpulver
1/2 TL Salz
2 Eier
60 ml Pflanzenöl
120 g Apfelmus
120 ml Orangensaft
1 P. Bourbon-Vanillezucker
90 g Kokosraspel

Außerdem

Butter für die Form

1. Die Karotten putzen, schälen und waschen. Sie mit einer Küchenreibe raspeln.

2. Den Ofen auf 200 °C vorheizen. Die 12 Vertiefungen eines Muffinblechs mit Butter ausfetten oder mit Papierförmchen auslegen.

3. Das Mehl in eine Schüssel sieben. Zucker, Backpulver, Zimtpulver und Salz dazugeben und alles gründlich miteinander vermischen.

4. Die Eier in eine große Schüssel schlagen. Öl, Apfelmus, Orangensaft und Vanillezucker dazugeben und alles gut verschlagen. Die Karotten und die Kokosraspel gründlich unterrühren.

5. Die Mehlmischung nach und nach zu der Eier-Apfelmus-Mischung dazugeben und das Ganze so lange verrühren, bis das Mehl ganz untergearbeitet und ein glatter Teig entstanden ist.

6. Den Teig gleichmäßig in die Muffinformen verteilen und die Muffins auf der mittleren Schiene in etwa 20 Minuten goldbraun backen.

(auf dem Foto)

BAKER'S TIPS

- *Als Variation können Sie noch 100 g Rosinen unter den Teig rühren.*

KOKOSRASPEL

Da sich das Öffnen von Kokosnüssen bisweilen als recht schwieriges Unterfangen darstellt, empfiehlt es sich, die handelsüblichen küchenfertigen Kokosraspel zum Backen zu verwenden. Falls diese zu fade schmecken oder bereits zu trocken sind, sollte man sie etwa 30 Minuten in Milch einlegen. Geröstete Kokosraspel sind eine delikate Zutat für Joghurts oder Desserts. Rösten Sie sie dazu in einer Pfanne ohne Fettzugabe in etwa 10 Minuten goldbraun, und streuen Sie sie dann über das Gericht.

Lemon Muffins
Zitronenmuffins

einfach

- *Ergibt: 12 Stück*
- *Zubereitung: ca. 40 Min.*
- *ca. 210 kcal pro Stück*

ZUTATEN

280 g Mehl
110 g Zucker
2 TL Backpulver
1/2 TL Salz
280 g Joghurt (3,5 % Fett)
1 Ei
60 ml Pflanzenöl
1 P. Bourbon Vanillezucker
1 P. Citroback
60 g Puderzucker
1EL Zitronensaft

Außerdem
Butter für die Form

1. Den Ofen auf 200 °C vorheizen. Die 12 Vertiefungen eines Muffinblechs ausfetten oder mit Papierförmchen auslegen.

2. Das Mehl in eine Schüssel sieben. Zucker, Backpulver und Salz dazugeben und alles miteinander vermischen.

3. Den Joghurt in eine große Schüssel geben. Das Ei, Öl, Vanillezucker und Citroback hinzufügen und das Ganze gründlich verrühren.

4. Die Mehlmischung nach und nach dazugeben und das Ganze langsam zu einem glatten Teig verrühren.

5. Den Teig gleichmäßig in die Muffinformen verteilen und die Muffins auf der mittleren Schiene in etwa 20 Minuten goldbraun backen.

6. Für die Glasur den Puderzucker in ein Schüsselchen sieben und zusammen mit dem Zitronensaft verrühren. Die Muffins abkühlen lassen und mit der Zitronenglasur bestreichen.

Frosted Banana Muffins

Bananenmuffins

mal was anderes

- *Ergibt: 18 Muffins*
- *Zubereitung: ca. 35 Min.*
- *ca. 270 kcal pro Stück*

ZUTATEN

Für den Teig

280 g Mehl
1 TL Natron
1 TL Backpulver
3 reife Bananen
110 g Butter
2 Eier
210 g Zucker
2 EL Milch
1 P. Bourbon-Vanillezucker

Für den Aufstrich

110 g zimmerwarmer Frischkäse (Doppelrahmstufe)
50 g weiche Butter
1 P. Vanillezucker
190 g Puderzucker

Außerdem

Butter für die Form

1. Den Ofen auf 180 °C vorheizen. Die 12 Vertiefungen eines Muffinblechs ausfetten oder mit Papierförmchen auslegen.

2. Das Mehl in eine Schüssel sieben. Das Natron und das Backpulver dazugeben und alles gründlich miteinander vermischen.

3. Die Bananen schälen, gut zerdrücken und in eine große Schüssel geben. Die Butter zerlassen und zusammen mit den Eiern, Zucker, Milch und Vanillezucker hinzufügen und alles gründlich miteinander verrühren.

4. Die Mehlmischung nach und nach dazugeben und das Ganze so lange verrühren, bis das Mehl ganz untergearbeitet und ein glatter Teig entstanden ist.

5. Den Teig gleichmäßig in die Muffinformen verteilen. Die Muffins auf der mittleren Schiene in 18 bis 20 Minuten goldbraun backen. Sie danach abkühlen lassen.

6. Inzwischen für den Aufstrich den Frischkäse zusammen mit der Butter und dem Vanillezucker verrühren. Den Puderzucker dazusieben und gründlich unterrühren. Die abgekühlten Muffins mit dem Aufstrich bestreichen und servieren.

(auf dem Foto)

BAKER'S TIPS

- ***Damit die Muffins süß und intensiv nach Bananen schmekken, sollten Sie überreife braune Bananen bei der Zubereitung verwenden.***
- ***Für Nußliebhaber können Sie zusätzlich 100 g gemahlene Nüsse in den Teig rühren.***

Müsli Muffins

Müslimuffins

vollwertig

- *Ergibt ca. 12 Stück*
- *Zubereitung: ca. 35 Min.*
- *ca. 250 kcal pro Stück*

ZUTATEN

260 g Vollkornmehl
140 g Zucker
2 TL Backpulver
1/2 TL Natron
1 TL Zimtpulver
1/2 TL Salz
180 g Müsli
110 g Butter
1 Ei
180 g Joghurt (3,5 % Fett)
120 ml Milch

Außerdem
Butter für die Form

1. Den Ofen auf 200 °C vorheizen. Die 12 Vertiefungen eines Muffinblechs ausfetten oder mit Papierförmchen auslegen.

2. Das Mehl in eine Schüssel sieben. Zucker, Backpulver, Natron, Zimtpulver und Salz dazugeben und alles gründlich mit einem Schneebesen vermischen. Das Müsli dazugeben und das Ganze gut vermengen.

3. Die Butter zerlassen. Das Ei, Joghurt, Milch und Butter gründlich miteinander verrühren.

4. Die Mehlmischung nach und nach dazugeben. Das Ganze so lange verrühren, bis das Mehl ganz untergearbeitet ist.

5. Den Teig gleichmäßig in die Muffinformen verteilen. Die Muffins auf der mittleren Schiene in etwa 20 Minuten goldgelb backen und noch warm servieren.

BAKER'S TIP

- *Reichen Sie dazu Honig oder Marmelade.*

Blueberry Muffins

Blaubeermuffins

klassisch

- *Ergibt: 12 Stück*
- *Zubereitung: ca. 45 Min.*
- *ca. 320 kcal pro Stück*

ZUTATEN

Für die Streusel:

70 g Mehl
50 g zarte Haferflocken
70 g Zucker
1/2 TL Zimtpulver
6 EL weiche Butter

Für den Teig:

480 g frische Blaubeeren (ersatzweise TK-Ware)
350 g Mehl
110 g Zucker
2 TL Backpulver
1 TL Natron
1/2 TL Salz
350 ml Buttermilch
60 ml Pflanzenöl
2 Eier
1 P. Bourbon-Vanillezucker

Außerdem

Butter für die Form

1. Den Ofen auf 200 °C vorheizen. Die 12 Vertiefungen eines Muffinblechs ausfetten oder mit Papierförmchen auslegen.

2. Für die Streusel das Mehl in eine Schüssel sieben. Haferflocken, Zucker und Zimtpulver dazugeben und alles gründlich miteinander vermischen. Die Butter in kleinen Stücken hinzufügen und alles miteinander verkneten.

3. Die Blaubeeren verlesen, putzen, waschen und abtropfen lassen. Sie in eine Schüssel geben und mit etwa 1 1/2 Eßlöffeln Mehl bedecken.

4. Für den Teig das restliche Mehl in eine Schüssel sieben. Zucker, Backpulver, Natron und Salz dazugeben und alles gründlich mit einem Schneebesen vermischen.

5. Die Buttermilch in eine große Schüssel gießen. Öl, Eier und Vanillezucker hinzufügen und das Ganze gründlich verrühren.

6. Die Mehlmischung nach und nach dazugeben und das Ganze so lange verrühren, bis das Mehl ganz untergearbeitet ist. Zuletzt die Blaubeeren vorsichtig unterheben.

7. Den Teig gleichmäßig in die Muffinformen verteilen und darauf die Mischung für die Streusel geben. Die Muffins auf der mittleren Schiene in etwa 25 Minuten goldbraun backen.

HAFERFLOCKEN

In der amerikanischen Küche haben Haferflocken einen festen Platz eingenommen. Die gedämpften und gequetschten Körner des Hafers verfeinern bei Backwaren die Konsistenz und den Geschmack. Sie sind zudem noch reich an Vitalstoffen. Schmackhafte und gesunde Backvariationen erhält man, wenn man die Hälfte der im Rezept vorgesehenen Mehlmenge durch die gleiche Menge Haferflocken ersetzt.

Peach Oatmeal Muffins

Pfirsich-Haferflocken-Muffins

vollwertig

- *Ergibt: 12 Stück*
- *Zubereitung: ca. 40 Min.*
- *ca. 270 kcal pro Stück*

ZUTATEN

260 g Vollkornmehl
100 g zarte Haferflocken
140 g Zucker
2 TL Zimtpulver
2 TL Backpulver
je 1/2 TL Natron und Salz
2 Eier, 120 ml Öl
240 g Joghurt (3,5 % Fett)
150 g Pfirsiche

1. Den Ofen auf 200 °C vorheizen. Die 12 Vertiefungen eines Muffinblechs mit Papierförmchen auslegen.

2. Mehl, Haferflocken, Zucker, Zimt, Backpulver, Natron und Salz mit einem Schneebesen vermischen.

3. Die Eier verquirlen, mit Öl und Joghurt verschlagen und das Ganze zusammen mit der Mehlmischung langsam zu einem Teig verrühren. Die Pfirsiche enthäuten, kleinschneiden und unterheben.

4. Den Teig in die Formen verteilen. Die Muffins auf der mittleren Schiene in ca. 20 Minuten goldbraun backen.

(auf dem Foto)

Bran Muffins

Weizenkleie-Muffins

einfach

- *Ergibt: 18 Stück*
- *Zubereitung: ca. 35 Min.*
- *ca. 190 kcal pro Stück*

ZUTATEN

Butter für die Form
170 g Vollkornmehl
250 g Weizenkleie
50 g Zucker
2 1/2 TL Natron, 1/2 TL Salz
2 Eier, 240 ml Buttermilch
120 ml Pflanzenöl
130 g Zuckerrübensirup
120 g Honig
150 g ungeschwefelte Rosinen

1. Den Ofen auf 200 °C vorheizen. 18 Muffinformen ausfetten oder mit Papierförmchen auslegen.

2. Das Mehl in eine Schüssel sieben. Weizenkleie, Zucker, Natron und Salz dazugeben und alles gründlich mit einem Schneebesen vermischen.

3. Die Eier in einer Schüssel verquirlen. Buttermilch, Öl, Zuckerrübensirup und Honig hinzufügen und das Ganze gründlich verrühren.

4. Die Mehlmischung nach und nach dazugeben und das Ganze langsam verrühren, bis das Mehl ganz untergearbeitet und ein Teig entstanden ist. Zuletzt die Rosinen unterheben.

5. Den Teig gleichmäßig in die Muffinformen verteilen und die Muffins auf der mittleren Schiene in etwa 18 Minuten backen.

Upside Down Honey Muffins

Umgedrehte Honigmuffins

raffiniert

- *Ergibt: 12 Stück*
- *Zubereitung: ca. 40 Min.*
- *ca. 220 kcal pro Stück*

ZUTATEN

50 g Butter
60 g Rohrzucker
135 g Honig
3/4 TL Zimtpulver
50 g gehackte Haselnußkerne
1 EL Zucker
80 g ungeschwefelte Rosinen
280 g Mehl
2 TL Backpulver
1/2 TL Salz
1 Ei
1 P. Bourbon-Vanillezucker
160 ml Milch

Außerdem
Butter für die Form

1. Den Ofen auf 200 °C vorheizen. Die 12 Vertiefungen eines Muffinblechs ausfetten oder mit Papierförmchen auslegen.

2. Für die Honigmischung 2 Eßlöffel Butter zerlassen und in eine Schüssel geben. Rohrzucker, 2 Eßlöffel Honig und 1/4 Teelöffel Zimtpulver dazugeben und alles gründlich miteinander vermischen. Dann die Haselnußkerne unterheben und die Honigmischung gleichmäßig in die Muffin-Förmchen verteilen.

3. Für den Teig 1 EL Zucker mit 1/2 Teelöffel Zimtpulver in einem Schüsselchen miteinander vermischen. Dann die Rosinen dazugeben und das Ganze vermengen.

4. Das Mehl in eine Schüssel sieben. Backpulver und Salz dazugeben und alles gründlich miteinander vermischen.

5. Etwa 3 Eßlöffel Butter zerlassen und in eine Schüssel geben. Das Ei unterrühren, den restlichen Honig, Vanillezucker und Milch hinzufügen und das Ganze gründlich verrühren.

6. Die Mehlmischung nach und nach dazugeben und das Ganze langsam verrühren, bis das Mehl ganz untergearbeitet und ein Teig entstanden ist.

7. Zuerst die Hälfte des Teigs gleichmäßig in die Muffinformen verteilen, dann jeweils Zimt-Rosinen-Mischung darauf geben. Zuletzt den restlichen Rührteig darauf verteilen. Die Muffins auf der mittleren Schiene in etwa 18 Minuten goldbraun backen.

8. Die Muffins aus dem Ofen nehmen und in den Förmchen etwa 5 Minuten abkühlen lassen. Sie dann über Backpapier oder einem Tablett stürzen und aus den Formen entfernen. Die Muffins gegebenenfalls mit in den Förmchen verbliebener Honigmischung bestreichen.

BAKER'S TIP

- ***Servieren Sie die Muffins möglichst ganz frisch und noch warm – so schmecken sie am besten.***

Salami & Cheese Muffins

Salami-Käse-Muffins

herzhaft

- *Ergibt: 12 Stück*
- *Zubereitung: ca. 40 Min.*
- *ca. 182 kcal pro Stück*

ZUTATEN

50 g Salami am Stück
280 g Mehl
1 EL Zucker
2 TL Backpulver
1 TL Salz
60 ml Pflanzenöl
2 Eier
180 g Buttermilch
50 g geriebener Gouda (45 % F.i.Tr.)
edelsüßes Paprikapulver

Außerdem
Butter für die Form

1. Den Ofen auf 200 °C vorheizen. Die 12 Vertiefungen eines Muffinblechs ausfetten oder mit Papierförmchen auslegen. Die Salami fein würfeln.

2. Das Mehl in eine Schüssel sieben. Zucker, Backpulver und Salz dazugeben und alles gründlich miteinander vermischen.

3. Das Öl in eine große Schüssel gießen. Die Eier zusammen mit der Buttermilch unterrühren.

4. Die Mehlmischung nach und nach dazugeben und das Ganze langsam verrühren, bis das Mehl ganz untergearbeitet und ein glatter Teig entstanden ist. Zuletzt den Gouda und die Salamiwürfel unterheben.

5. Den Teig gleichmäßig in die Muffinformen verteilen und die Muffins auf der mittleren Schiene in 20 bis 25 Minuten goldbraun backen. Sie vor dem Servieren mit etwas Paprikapulver bestreuen.

(auf dem Foto)

Marmalade Muffins

Marmeladenmuffins

ofenfrisch am besten

- *Ergibt: 12 Stück*
- *Zubereitung: ca. 35 Min.*
- *ca. 170 kcal pro Stück*

ZUTATEN

280 g Mehl
50 g Zucker
1 EL Backpulver
1/2 TL Natron
1/2 TL Salz
60 g Butter
1 Ei
280 g Joghurt (3,5 % Fett)
60 ml Milch
1 P. Bourbon-Vanillezucker
140 g Marmelade (z. B. Himbeer-, Erdbeer- oder Aprikosenmarmelade)
Puderzucker zum Bestreuen

Außerdem
Butter für die Form

1. Den Ofen auf 200 °C vorheizen. Die 12 Vertiefungen eines Muffinblechs ausfetten oder mit Papierförmchen auslegen.

2. Das Mehl in eine Schüssel sieben. Zucker, Backpulver, Natron und Salz dazugeben und alles gründlich mit einem Schneebesen vermischen.

3. Die Butter zerlassen und in eine große Schüssel geben. Das Ei hineinschlagen und gründlich unterrühren. Joghurt und Milch hinzufügen und das Ganze gründlich verrühren.

4. Die Mehlmischung nach und nach dazugeben und das Ganze so lange verrühren, bis das Mehl ganz untergearbeitet und ein glatter Teig entstanden ist.

5. Die Hälfte des Teigs gleichmäßig in die Muffinformen verteilen, so daß diese halb gefüllt sind. Jeweils 1 Teelöffel Marmelade auf die Mitte der Teigfüllung geben und dann das Ganze mit dem restlichen Teig bedecken.

6. Die gefüllten Muffins auf der mittleren Schiene in 15 bis 20 Minuten backen, bis sie leicht bräunlich gefärbt sind. Sie dann aus den Formen entfernen und auf einem Gitterrost abkühlen lassen. Zuerst auf die noch warmen, dann nochmals auf die abgekühlten Muffins Puderzucker sieben.

JOGHURT

Das aus den Balkanländern stammende Milchsäureprodukt wurde ursprünglich aus Schafs- oder Ziegenmilch hergestellt, bei uns ist jedoch fast nur Joghurt aus Kuhmilch im Handel erhältlich. Dabei unterscheidet man zwischen verschiedenen Fettstufen: Magermilchjoghurt (höchstens 0,3 % Fett), fettarmer Joghurt (1,5 bis 1,8 % Fett), Vollmilch-Joghurt (3,5 % Fett), Joghurt mit naturbelassenem Fettgehalt (3,8 % Fett) und Sahnejoghurt (mindestens 10 % Fett). Als Backzutat hält er den Teig feucht und sollte immer zimmerwarm verwendet werden.

Alexanders
Haferflockenkekse

fruchtig

- *Ergibt ca. 50 Stück*
- *Zubereitung: ca. 1 1/4 Std.*
- *ca. 110 kcal pro Stück*

ZUTATEN

300 g Mehl
175 g zarte Haferflocken
je 1 TL Natron, Backpulver und Zimtpulver
1/2 TL Salz
120 g Butter, 300 g Zucker
1 EL Zuckerrübensirup
2 Eier, 190 g Apfelmus
160 g Rosinen
100 g gehackte Nüsse

1. Mehl, Haferflocken, Natron, Backpulver, Zimt und Salz miteinander vermischen.

2. Butter und Zucker schaumig schlagen, Sirup, Eier, Apfelmus unterrühren. Alles zusammen mit der Mehlmischung verrühren, Rosinen und Nüsse unterheben.

4. Den Ofen auf 190 °C vorheizen. Ein Backblech mit Backpapier auslegen. Etwa 4 cm große Bällchen formen, diese mit etwa 6 cm Abstand auf der mittleren Schiene in 8 bis 10 Minuten backen.

(auf dem Foto)

BAKER'S TIP

- ***Anstelle von Rosinen können Sie Kokosraspeln oder Schokoladenstückche verwenden.***

Frosted Applesauce Squares
Glasierte Apfelmushäppchen

schnell

- *Ergibt ca. 12 Stück*
- *Zubereitung: ca. 30 Min.*
- *ca. 260 kcal pro Stück*

ZUTATEN

120 g Mehl
4 EL Vollkornmehl
je 1 TL Zimt- und Backpulver
je 1/4 TL Natron und Salz
80 g Apfelmus, 80 ml Öl
100 g Zucker, 2 Eier
1 P. Bourbon-Vanillezucker
250 g Puderzucker
140 g Frischkäse
2 EL Apfelsaft

1. Beide Mehlsorten in eine Schüssel sieben. Zimt, Backpulver, Natron und Salz dazugeben, alles mit einem Schneebesen vermischen.

2. Apfelmus, 75 ml Öl, Zucker, Eier und Vanillezucker miteinander verrühren. Die Mehlmischung dazugeben und alles zu einem Teig verarbeiten. Den Ofen auf 180 °C vorheizen. Eine Backform (22 x 32 cm) mit dem restlichen Öl ausfetten. Den Teig darin auf der mittleren Schiene etwa 15 Minuten backen.

3. Inzwischen für die Glasur 100 g Puderzucker sieben. Ihn zusammen mit dem Käse und dem Saft verrühren. Den restlichen Puderzucker dazusieben und alles zu einer glatten Creme verarbeiten.

4. Den fertig gebackenen Kuchen abkühlen lassen, mit der Glasur bestreichen und im Kühlschrank kalt stellen. Ihn in etwa 6 x 5 cm große Rechtecke schneiden und diese zimmerwarm servieren.

Super Sugar Cookies
Zuckerkekse

einfach

- *Ergibt ca. 50 Stück*
- *Zubereitung: ca. 30 Min. (plus ca. 2 Std. Zeit zum Ruhen)*
- *ca. 110 kcal pro Stück*

ZUTATEN

Für den Teig
280 g Mehl
1 TL Backpulver
220 g weiche Butter
210 g Zucker
1 Ei
2 EL Orangensaft
2 P. Bourbon-Vanillezucker

Für die Creme
330 g Puderzucker
70 g weiche Butter
2 EL Milch
1 TL Vanillearoma

Außerdem
Mehl für die Arbeitsfläche

1. Das Mehl in eine mittelgroße Schüssel sieben. Das Backpulver dazugeben und das Ganze gut miteinander vermischen.

2. Die Butter in eine große Schüssel geben und cremig rühren. Den Zucker einrieseln lassen und mit der Butter schaumig schlagen. Das Ei dazugeben und gut unterrühren. Zuletzt den Orangensaft und den Vanillezucker hinzufügen und alles gründlich miteinander verrühren.

3. Die Mehlmischung nach und nach zu der Buttermischung geben und das Ganze so lange rühren, bis das Mehl ganz untergearbeitet und ein glatter Teig entstanden ist. Die Schüssel mit dem Teig zudecken oder den Teig in Klarsichtfolie einwickeln und ihn im Kühlschrank etwa 2 Stunden ruhen lassen.

4. Danach den Backofen auf 200 °C vorheizen. Ein Backblech mit Backpapier auslegen. Etwa 1/3 des Teigs auf einer bemehlten Arbeitsfläche etwa 1/2 cm dünn ausrollen. Aus dem Teig mit Backförmchen Kekse ausstechen und diese mit etwa 2 cm Abstand auf das Backblech legen. Die Kekse 6 bis 8 Minuten backen, bis die Ränder leicht braun werden. Inzwischen aus den restlichen Teigdritteln Kekse ausstechen. Diese auf 2 Blechen nacheinander abbacken und anschließend abkühlen lassen.

5. Inzwischen für die Creme den Puderzucker in eine Schüssel sieben. Butter, Milch und Vanillearoma dazugeben und alles gut miteinander verrühren. Die abgekühlten Kekse mit der Creme bestreichen und servieren.

(auf dem Foto: unten)

BAKER'S TIPS

- ***Wenn Sie die Creme mit Lebensmittelfarben färben, können Sie die Kekse besonders phantasievoll dekorieren.***
- ***Garnieren Sie die Kekse nach Belieben mit bunten Zuckerstreuseln, Rosinen oder Schokoladenstreuseln.***

Cherry Applesauce

Kirschapfelmus

als Dessert geeignet

- *Ergibt ca. 1 Liter*
- *Zubereitung: ca. 50 Min.*
- *ca. 10 kcal pro Eßlöffel*

ZUTATEN

1 kg Äpfel
120 ml Apfelsaft
2 EL Zitronensaft
2 EL Honig
1/2 EL Zimtpulver
8-10 rote Süßkirschen

1. Die Äpfel schälen und vierteln. Die Kerngehäuse entfernen und das Fruchtfleisch in etwa 2 cm große Stücke schneiden.

2. Die Apfelstücke zusammen mit dem Apfelsaft in einen Topf geben und aufkochen lassen. Die Hitze reduzieren und das Ganze etwa 30 Minuten köcheln lassen, bis die Apfelteile weich geworden sind. Das Apfelmus vom Herd nehmen.

3. Zitronensaft, Honig und Zimtpulver zu den Äpfeln geben. Alles gut miteinander verrühren und im Topf abkühlen lassen.

4. Danach die Apfelmischung in einem Mixgerät oder mit dem Pürierstab eines Handrührgeräts pürieren. Die Kirschen entkernen, zerkleinern und in das Apfelmus einrühren.

(auf dem Foto: oben)

BAKER'S TIPS

- *Für das Apfelmus eignen sich am besten Golden Delicious Äpfel.*
- *Dekorieren Sie das Apfelmus mit ganzen Kirschen, und/oder bestreuen Sie es mit Zimtpulver.*

Gingerbread Cookies
Lebkuchen-Keks

dekorativ

- *Ergibt ca. 35 Stück*
- *Zubereitung: ca. 30 Min. (plus ca. 2 Stunden zum Ruhen)*
- *ca. 100 kcal pro Stück*

ZUTATEN

Für den Teig
350 g Mehl
1 TL Backpulver
1/2 TL Natron
1 TL Ingwerpulver
1/2 TL Zimtpulver
1/2 TL Nelkenpulver
110 g weiche Butter
110 g Zucker
120 ml Zuckerrübensirup
1 Ei
1 EL Essig

Für die Glasur
110 g Puderzucker
2 EL Milch
1/2 TL Vanillearoma

Außerdem
Mehl für die Arbeitsfläche

1. Das Mehl in eine mittelgroße Schüssel sieben. Backpulver, Natron, Ingwer, Zimt und Nelkenpulver dazugeben und alles gut mit einem Schneebesen vermischen.

2. Die Butter in eine große Schüssel geben und cremig rühren. Den Zucker einrieseln lassen und mit der Butter schaumig schlagen. Den Zuckerrübensirup und das Ei dazugeben und gut unterrühren. Zuletzt den Essig dazugießen und alles gründlich miteinander verrühren.

3. Die Mehlmischung nach und nach zu der Buttermischung geben und das Ganze so lange verrühren, bis das Mehl ganz untergearbeitet und ein glatter Teig entstanden ist. Die Schüssel mit dem Teig zudecken oder den Teig in Klarsichtfolie einwickeln und ihn im Kühlschrank etwa 2 Stunden ruhen lassen.

4. Danach den Backofen auf 190 °C vorheizen. Ein Backblech mit Backpapier auslegen. Etwa 1/3 des Teigs auf einer bemehlten Arbeitsfläche etwa 1/2 cm dünn ausrollen. Aus dem Teig mit Backförmchen Kekse ausstechen und diese mit etwa 2 cm Abstand auf das Backblech legen. Die Kekse 5 bis 7 Minuten backen, bis die Ränder leicht braun werden. Inzwischen aus dem restlichen Teig Kekse ausstechen. Diese auf 2 Blechen nacheinander abbacken und anschließend abkühlen lassen.

5. Inzwischen für die Glasur den Puderzucker in eine Schüssel sieben. Milch und Vanillearoma dazugeben und alles gut miteinander verrühren. Die abgekühlten Kekse mit der Glasur bestreichen und servieren, sobald diese getrocknet ist.

BAKER'S TIPS

- ***Garnieren Sie die Kekse nach Belieben mit bunten Zuckerstreuseln, Rosinen, getrockneten Früchten oder Schokoladenstreuseln.***
- ***Die Kekse werden besonders hübsch, wenn Sie die Glasur einfärben.***

Whoppie Pies

Gefüllte Schokoladenkuchen

schokoladig

- *Ergibt ca. 15 Stück*
- *Zubereitung: ca. 1 Std.*
- *ca. 320 kcal pro Stück*

ZUTATEN

Für den Teig
280 g Mehl
5 EL Kakaopulver
1 TL Backpulver
1 TL Natron
1/2 TL Salz
110 g Butter
2 Eigelb
210 g Zucker
1 P. Bourbon-Vanillezucker
230 ml Milch

Für die Füllung
2 Eiweiß
220 g Puderzucker
110 g weiche Butter
1/2 TL Vanillearoma

1. Den Backofen auf 170 °C vorheizen. Ein Backblech mit Backpapier auslegen. Das Mehl in eine Schüssel sieben. Kakaopulver, Backpulver, Natron und Salz dazugeben und das Ganze gut mit einem Schneebesen vermischen.

2. Die Butter zerlassen und zusammen mit den Eigelben, Zucker und Vanillezucker in einer großen Schüssel schaumig schlagen. Die Mehlmischung abwechselnd mit der Milch nach und nach dazugeben und das Ganze unter langsamem Rühren zu einem glatten Teig verarbeiten.

3. Den Teig eßlottelweise mit etwa 5 cm Abstand auf dem Backpapier verteilen. Das Ganze auf der mittleren Schiene etwa 12 Minuten backen und danach auf dem Blech etwas abkühlen lassen.

4. Für die Füllung die Eiweiße steifschlagen. Den Puderzucker dazusieben und unter den Eischnee schlagen. Die Butter und das Vanillearoma dazugeben und die Eiweißmischung so lange schlagen, bis eine sahnig-glänzende Masse entstanden ist.

5. Die Füllung auf die Hälfte der Kuchen verteilen und diese jeweils mit einem anderen Kuchen belegen. Die gefüllten Schokoladenkuchen sofort servieren.

(auf dem Foto)

BAKER'S TIP

- *Sie können die gefüllten Schokoladenkuchen problemlos aufbewahren, wenn Sie sie in Klarsichtfolie wickeln und im Kühlschrank kalt stellen.*

KAKAOPULVER

Kakaopulver entsteht, wenn aus der aus fermentierten und gemahlenen Kakaobohnen hergestellten Kakaomasse die Kakaobutter gepreßt wird. Je nachdem, wieviel Fett entzogen wird, erhält man schwach entöltes Kakaopulver mit mindestens 20 % oder stark entöltes mit mindestens 8 % Kakaobutter. Bei Backrezepten können Sie 100 Gramm Schokolade durch 35 Gramm Kakaopulver plus 40 Gramm Zucker und 25 Gramm Butter ersetzen.

Whole Wheat Oatmeal Pancakes

Haferflocken-Pfannkuchen

vollwertig

- *Ergibt ca. 10 Stück*
- *Zubereitung: ca. 30 Min. (plus ca. 30 Min. Zeit zum Ruhen)*
- *ca. 90 kcal pro Stück*

ZUTATEN

120 g Vollkornmehl
100 g zarte Haferflocken
1 TL Natron
240 ml Buttermilch
1 Ei
1 EL Apfelsaft
1 P. Bourbon-Vanillezucker
3-4 EL Butter

1. Mehl, Haferflocken und Natron miteinander vermischen. Buttermilch, Ei, Apfelsaft und Vanillezucker zugeben und das Ganze zu einem Teig verrühren. Diesen etwa 30 Minuten ruhen lassen.

2. Etwa 1 Eßlöffel Butter in einer großen Pfanne erhitzen und mit einem Eßlöffel Teigfladen von etwa 10 cm ø hineingeben. Diese bei mittlerer Hitze in 1 bis 2 Minuten auf der Unterseite hellbraun backen, dann wenden und nochmals 1 bis 2 Minuten backen. Die Pfannkuchen warm stellen oder sofort einzeln servieren.

BAKER'S TIP

Sie können die Pfannkuchen einfach mit Zucker, Puderzucker oder Zimtzucker bestreuen und aufrollen oder sie mit einer süßen oder pikanten Füllung bestreichen – der Phantasie sind dabei keine Grenzen gesetzt. Verwenden Sie Ahornsirup, verschiedene Marmeladensorten, Apfelmus oder Honig, aber auch Joghurt, Quark oder Frischkäse. Köstlich sind auch Rosinen, Nüsse, Erdbeeren oder andere frische Früchte.

Rezeptverzeichnis

Im FALKEN Verlag sind viele attraktive Titel zum Thema „Essen und Trinken" erschienen. Sie erhalten sie überall dort, wo es Bücher gibt.

Dieses Buch wurde auf chlorfrei gebleichtem und säurefreiem Papier gedruckt.

Für Fragen und Anregungen zu den Rezepten steht Ihnen die Autorin gerne über folgende E-mail Adresse zur Verfügung: AmCookies@aol.com

ISBN 3 8068 1940 8

Umschlaggestaltung:
Rincon² Design & Produktion GmbH, Köln
Gestaltung: Horst Bachmann
Redaktion: Tanja Schindler
Umschlagfoto: Ulrich Kopp, Füssen (Rezepte: „Chocolate Chip Cookies", S. 10; „Espresso Brownies", S. 36; „Strawberries & Cream Cake", S. 54; „Marmalade Muffins", S. 84)
Rezeptfotos: Ulrich Kopp, Füssen
Weitere Fotos im Innenteil: TLC-Foto-Studio GmbH, Velen-Ramsdorf: S. 8 und 9; **FALKEN Archiv: M. Brauner**: S. 16 und 72 / **W. Feiler**: S. 3 und 26 / **U. Kopp**: S. 10, 22 und 74 / **R. Schmitz**: S. 24 / **TLC**: S. 6, 7, 18, 28, 64 und 70
Produktion: Dr. Reitter & Partner GmbH, Vaterstetten

Satz: Dr. Reitter & Partner GmbH, Vaterstetten
Gesamtkonzeption: FALKEN Verlag, D-65527 Niedernhausen/Ts.

817 2635 4453 6271